企业7S管理技术理论与实践

——以煤炭企业为例

孙宇博　卢松泉　吴建军　著

中国矿业大学出版社
·徐州·

图书在版编目(CIP)数据

企业7S管理技术理论与实践:以煤炭企业为例/孙宇博,卢松泉,吴建军著. —徐州:中国矿业大学出版社,2021.12

ISBN 978-7-5646-5279-1

Ⅰ. ①企… Ⅱ. ①孙… ②卢… ③吴… Ⅲ. ①煤炭企业—工业企业管理—研究—中国 Ⅳ. ①F426.21

中国版本图书馆CIP数据核字(2021)第254021号

书　　名　企业7S管理技术理论与实践——以煤炭企业为例
著　　者　孙宇博　卢松泉　吴建军
责任编辑　张　岩
出版发行　中国矿业大学出版社有限责任公司
　　　　　　(江苏省徐州市解放南路　邮编221008)
营销热线　(0516)83885370　83884103
出版服务　(0516)83995789　83884920
网　　址　http://www.cumtp.com　**E-mail**:cumtpvip@cumtp.com
印　　刷　徐州中矿大印发科技有限公司
开　　本　787 mm×1092 mm　1/16　**印张**　13.25　**字数**　339千字
版次印次　2021年12月第1版　2021年12月第1次印刷
定　　价　38.00元

前　言

7S管理是指通过企业“整理、整顿、清扫、清洁、素养、安全、节约”七项管理活动，严格规范现场管理，加强企业标准化、规范化精益管控，提高全体员工整体素质，实现企业经济效益最大化，提升企业的核心竞争力。在煤炭市场竞争日趋激烈的新形势下，我国煤炭行业的基础管理方面还存在不少短板，还有许多不足之处：一是煤矿安全基础还不牢固；二是现场管理的标准化、规范化、精益化程度不高；三是员工素养还达不到煤炭专业化管理和现代化管理的要求。为进一步提高煤炭产业专业化管理水平，夯实现场管理基础，煤炭企业借鉴发电企业实施7S管理的成功经验，在煤炭行业推行7S管理，具有非常重要的现实意义。

本书以我国煤炭行业部分企业先期7S管理试点所取得的经验为基础，主要研究煤炭企业实践推行7S管理的技术方法、工具手段和具体路径。第一章主要阐述煤炭企业实施7S管理的意义原则；第二章探讨7S管理的流程步骤；第三章讲解怎样进行7S管理技能提升培训；第四章介绍7S管理技术的工具手段；第五章讲述煤炭企业各个重点区域和核心设备设施7S管理推行的具体措施；第六章借助案例实证介绍7S管理样板区构建的具体做法与经验；第七章介绍保证7S管理实施的重要制度；第八章探讨7S管理绩效考核和长效机制，最终实现7S精益管理。

本书总体定位原则是“理论适度，煤炭特色，样板示范，工具实用”，与传统7S管理理论相比具有如下特点：一是理论简洁完整，本书在保证理论系统完整基础上，力求简洁易懂；二是具有煤炭特色，本书紧密与煤炭企业管理实践相结合，充分体现煤炭7S管理的特色；三是具有样板示范性，本书以某煤炭企业的采煤工作面、掘进工作面、选煤生产区域、仓储库房和办公后勤等九个样板区为例，介绍7S管理推行的具体路径；四是实用工具性，本书重点介绍煤炭企业7S管理的“技术”“方法”“工具”“步骤”“路径”等实用工具性内容。

本书由孙宇博、卢松泉和吴建军共同撰写。其中第一章、第六章、第七章和第八章由卢松泉撰写；第二章由吴建军撰写；第三章、第四章和第五章由孙宇博撰写。全书由孙宇博统稿。

本书是一部理论与实践相结合的煤炭企业实用工具书，适合企业管理人员和高等院校师生阅读研讨使用。由于时间仓促、水平有限，本书在理论体系等方面肯定存在一定的不足和缺憾，恳请广大读者多提宝贵意见，不胜感激。

著　者

2021年4月

目 录

第一章　7S管理意义原则

第一节　7S管理基本理论

一、7S管理的起源与发展

1955年，日本企业为了确保作业空间安全，提出了“安全始于整理整顿，终于整理整顿”的企业宣传口号，凸显出整理(seiri)、整顿(seiton)两大管理手段，因其日文罗马拼音单词首字母都为S，2S由此诞生。后来在生产过程中，为了顺应生产和品质控制的需求，陆续提出了清扫(seiso)、清洁(seiketsu)、素养(shitsuke)的3S管理理念，结合整理、整顿两大管理要素，形成了系统科学的5S管理方法。日本企业逐渐以5S作为管理工作的基础，推行各种品质的管理手法，第二次世界大战后，产品品质得以迅速地提升，奠定了经济大国的地位，而在丰田公司的倡导推行下，5S对于塑造企业形象、降低成本、准时交货、安全生产、高度标准化的工作场所、现场改善等方面发挥了巨大作用，逐渐被各国的管理界所认同。到了1986年，日本的5S著作逐渐问世，从而对整个现场管理模式起到了冲击作用，并由此掀起了5S的热潮，5S逐渐成为工厂管理的一股新潮流。

随着社会变革和经济发展，企业为了可持续发展的需要，在5S的基础上又总结提炼出安全(safety)、节约(save)两大要素，丰富了5S的理论内涵，延伸了其适用范围，形成了更加科学合理、系统完善的7S企业管理理论。

7S管理的核心思想就是通过实施整理、整顿、清扫、清洁、素养、安全、节约活动，消除现场不利因素，达到安全生产、提高设备健康水平、降低生产成本、改善生产环境、鼓舞员工士气、塑造企业良好形象的目的。

另外，7S管理与精益管理之间也有许多共通之处，强调以最小资源投入，包括人力、设备、资金、材料、时间和空间资源，创造出尽可能多的价值，为顾客提供新产品和及时服务，消除所有的“浪费”。

二、7S 管理的目的

7S 作为一种精细化和精益化的管理模式，越来越受到企业的青睐。实施 7S 管理活动，可以降低生产成本，实现企业经济效益最大化；有助于发现并消除安全隐患，降低安全事故发生系数；还可以提升企业形象，提高客户满意指数；有利于培养和提升员工基本素养，增强工作能力，形成良好的工作氛围和企业文化。推行 7S 管理的目的，是希望借助这种管理模式，以期达到以下效果。

（一）提高生产效益，保障产品品质

在企业生产过程中，通过 7S 管理活动，可以减少或避免生产和办公物料、生产设备、场所、时间、人员等资源的浪费，从而降低生产运作成本；整洁的工作环境，有效的空间布局和合理利用，能够做到在生产过程中物品的随取随用，保证物流通畅；良好的工作环境、工作气氛和有修养的工作团队，能够提高员工的工作热情和工作效率，有助于产品产量和品质提升，实现企业经济效益最大化。

（二）消除安全隐患，确保生产安全

“安全生产，重于泰山”，特别是对于煤炭企业来说，安全生产尤为重要。将 7S 管理相关要求细化到每一个生产环节，异常现象自然无处遁形，在源头上及时发现安全隐患并予以消除，同时，员工在生产过程中严格按照操作章程和相关制度进行作业，就不会出现因为人为的不正当操作而造成企业不必要的财产损失和人员伤亡，最大限度确保企业的安全生产。

（三）提升企业形象，提高客户满意度

良好的企业办公和生产环境、高品质的煤炭产品、畅通的物流渠道等各个环节的叠加必然会在客户心目中留下良好的形象，客户对企业的满意度和认可度日积月累的积攒必然会转化成对企业的忠诚度，这样口碑相传，企业在行业内的知名度和美誉度也不断提升，良好的企业形象也就水到渠成。

（四）提升员工素养，加强企业精益管控

企业员工在 7S 管理的理论指导下，自己的基本素养在潜移默化中得以提高。根据 7S 管理理论形成的企业行为规范和操作准则，要求每名员工严格按照相关制度规定进行作业，凡事认真对待，工作态度严谨；员工按规矩办事，不折不扣、按时按量完成工作任务；全体员工斗志昂扬的工作热情，会形成良好的工作氛围，给企业生产注入活力。

三、7S 管理的内容

7S 包括整理（seiri）、整顿（seiton）、清扫（seiso）、清洁（seiketsu）、素养（shitsuke）、安全（security）、节约（save）七项内容，因均以“S”开头，简称 7S。7S 起源于日本，通过规范现场现物，营造一目了然的经营环境，培养员工良好的工作习惯，其最终目的是提升人的素养，革

除马虎之心，养成凡事认真的习惯，养成遵守规定的习惯，养成自觉维护经营环境整洁的良好习惯，养成文明礼貌的习惯。

（一）整理

整理就是严格区分必需品和非必需品，工作现场不放置非必需品。整理就是首先把必需品和非必需品严格分开，再将非必需品加以处理，这是开始改善生产现场环境的第一步，其要点是对生产现场的各种物品进行分类，区分必需品和非必需品；其次，对于非必需品，诸如剩余的材料、多余的半成品、切下的边角料、切屑、垃圾、废品、多余的工具、报废的设备、个人生活用品等，应坚决清理出生产现场，这项工作的重点在于坚决把现场的非必需品清理掉。对于车间里各个工位或设备的前后、通道左右、厂房上下、工具箱内外，以及车间的各个死角，都要彻底搜寻和清理，达到现场无不用之物。

（二）整顿

整顿就是对必需品进行合理定位及标识，最短时间找到必需品。将必需品进行定量、定位及标识，通过第一项整理后，对生产现场需要留下的物品进行科学合理的布置和摆放，以便用最快的速度取得所需之物，在最有效的规章制度和最简洁的流程下完成作业。

（三）清扫

清扫就是保持现场设备、设施干净整洁无污染。在生产过程中会产生灰尘、油污、垃圾等，从而使现场脏乱无序，使设备精度降低，故障多发，影响产品质量，使安全事故防不胜防；脏乱无序的现场更会影响员工的工作情绪，直接导致工作效率的降低。因此，必须通过清扫活动来清除那些脏物，创建一个干净整洁、健康舒畅的工作环境。

（四）清洁

清洁就是将整理、整顿、清扫三项活动进行到底，使之制度化和管理规范化。整理、整顿、清扫之后应认真维护，使现场保持完美和最佳状态。清洁是对前三项活动的坚持与深入，从而消除发生安全事故的根源，创造一个良好的工作环境，使员工能够愉快地工作。

（五）素养

素养就是员工在前4S活动过程中自觉养成按照相应的规章制度从事生产活动的职业素养。素养即教养，努力提高员工的素养，养成严格遵守规章制度的习惯和作风，这是7S活动的核心。员工素质高低直接决定各项活动开展的顺利程度和实施效果，所以，抓7S活动要始终着眼于提高员工的素质。

（六）安全

安全就是杜绝一切不安全现象，消除一切不安全因素，防止安全事故的发生，全力保障员工人身安全和企业财产安全，防患于未然。只有经过安全活动的开展，才会消除生产前及生产过程中的各种安全隐患。只有险情得以排除，企业才能持续安全运行，降低事故发生率，才能降低企业员工人身安全和财产安全受到威胁的风险系数。

（七）节约

节约就是合理利用各项资源，最大限度发挥其效能，降低生产成本，实现企业效益最大化。节约是对整理工作的补充和指导，在我国，由于资源相对不足，更应该在企业中秉持勤俭节约的原则。实施时应该秉持三个观念：一是能用的东西尽可能利用；二是以主人翁的心态对待企业的资源；三是切勿随意丢弃，丢弃前要思考其剩余使用价值。

四、7S管理的特点

7个“S”之间相互关联、密不可分。整理、整顿、清扫三项管理活动是7S整个管理系统的基本环节。整理是整顿的前提；整顿是在整理的基础上进行巩固和深化性活动；清扫是维持和强化前两个“S”的重要手段，主要是对整理、整顿的日常检查和持续改善；清洁是维持和巩固前3S的成果并形成制度化管理；素养是在员工经过前4S的洗礼和锤炼后所形成的良好的职业素养和工作习惯；安全和节约是在5S管理活动对员工行为规范持续的强化后潜移默化灌输给员工的行为意识，让员工在从事生产活动中时刻牢记的意识观念。

（一）整体性和协调性

按照系统管理的原则，追求各要素间的最佳组合，克服企业多头专项管理、各自为政的弊端，使企业管理效果的整体大于各部分的总和，7S管理是层层递进又相互协作的过程，各子系统在整体系统中各司其职又相互配合，使其效用最大化。

（二）目的性和反馈性

把企业各专项管理的目标纳入生产现场目标管理体系中，在系统整体优化的前提下，使科学技术成果在系统内得到综合运用和优化，保证生产现场始终处于有序状态。当出现失控情况时，要通过规定的途径进行反馈，用管理手段加以解决，及时恢复受控状态。

（三）动态性和开放性

动态的系统为了保持生命力，不仅生产要素在不停地运动，管理方法也需要不断调整，而且必须对外开放，和公司的职能管理部门持续进行物质和信息交换，以便进行自我完善。

（四）激励性和自主性

7S并不是传统意义上的自上而下的管理，而是逐步过渡为员工“自我教育、自我提高、自我约束、自我实现”的自我管理机制，突出员工在现场管理中的主体作用和自我改善精神，最大限度地激励和释放员工的积极性和创造性，使系统不断得到完善，是一种互动管理。

第二节　7S 管理与安全质量标准化

一、煤矿安全质量标准化

煤矿安全质量标准化是将“安全质量标准”作为高度统一体，纳入煤矿生产管理的全过程，依此衡量煤炭企业全体员工的工作过程与工作结果的优劣程度，并用该标准逐项进行评判，从而确定其安全质量等级，以保证煤矿安全高效发展。

煤矿安全质量标准化是指按照《煤矿安全质量标准化标准及考评办法》对各专业进行等级评定，判定其所达到的安全质量等级。它是在继承以往质量标准化工作的基础上，不断创新、逐步发展起来的一套行之有效的安全质量管理体系和方法，贯穿于矿井“采、掘、机、运、通”等生产活动的全过程，突出地体现了安全生产基层、基础工作的重要地位，体现了全员、全过程、全方位的安全管理。

二、安全质量标准化是 7S 管理推行的基本依据

煤矿安全质量标准化，是加强煤炭企业安全生产工作的一项带有基础性、长期性、前瞻性、战略性、根本性的工作。7S 管理的核心就是现场管理、细节管理和精益管理，如对井下巷道标识、管线吊挂、材料摆放、工具存取、硐室环境以及设备的灰尘、脏乱、异音、松动、锈蚀等内容和问题，通过及时发现和解决这些细微问题，防止“小患”发展成事故。做好 7S 管理，必须以安全质量标准化工作的标准为依据，从细节开始，从身边的一点一滴开始，以小见大，积沙成塔，为安全质量标准化工作打下坚实基础。

三、7S 管理是安全质量标准化成果巩固的主要手段

安全质量标准化是煤炭企业生存和发展的命脉，是提高企业核心竞争力的关键。通过持续开展 7S 管理活动，按照安全质量标准化的标准严抓现场管理，全面提升员工整体素质，建立常态化的 7S 管理机制，有利于安全质量标准化成果的巩固。

四、7S 管理是安全质量标准化深化的重要工具

煤矿安全质量标准化是提高企业安全管理、建立企业安全生产长效机制的有效途径。7S 管理通过对生产现场的整理、整顿和科学布局、合理归置，生产现场管理将更加规范，生产效率明显提高，产品质量显著提升，实现本质安全目标。7S 管理是安全质量标准化深化提升的重要工具。

第三节　煤炭企业推行 7S 管理的现实意义

一、煤炭企业 7S 管理推行背景

当前，国内经济形势总体低迷，国家能源结构亟待调整，社会对环保的诉求不断提高，大大影响火电、钢铁、建材、煤化工等煤炭消耗行业，进而影响煤炭企业。“十一五”期间煤炭投资总额达 12 489.7 亿元，是“十五”期间的 5.54 倍，相当于中华人民共和国成立 55 年煤炭投资总和的 2.8 倍。快速开发建设煤矿积聚了巨大产能，煤炭产能过剩显现，煤炭企业的经营环境日趋艰难，市场竞争愈加激烈，对煤炭企业安全生产、成本控制和内部管理提出了更高的要求。

煤炭企业生存和发展须满足四个方面的基本需求。一是安全，安全是煤炭企业的生存基础；二是环保，环保既是国家政策的强制要求，又是煤炭企业必须履行的社会责任；三是效益，提升盈利能力和价值创造能力是企业的根本追求；四是可靠，可靠是煤炭企业可持续发展的前提和保障。外部需求和内部要求，使煤炭企业迫切需要一种行之有效的管理工具和手段来强化基础管理，提升企业的竞争能力、抗风险能力和可持续发展能力。

二、煤炭企业推行 7S 管理的现实意义

目前，国内经济进入常态化发展阶段，煤炭行业也呈现出了新的特点，面临着前所未有新挑战，煤炭企业推行 7S 管理具有非常重要的现实意义。

（一）推行 7S 管理是安全质量标准化管理实现的主要方法

推行 7S 管理将进一步提升安全质量标准化建设水平，对于加强班组建设、创建星级安全煤矿、建设一流煤炭企业文化具有重要推动作用。把煤矿安全质量标准化的通风、地测防治水、采煤、掘进、机电、运输、安全管理、职业卫生、应急救援、调度、地面设施等 11 个专业内容细化和量化，植入 7S 管理的标准和规范之中，把安全质量标准化的各项指标具体落实到班组、岗位和员工，使班组和员工有分工、有目标、有责任。这样就可以把 7S 管理有机地融入煤炭企业的管理体系中。7S 管理将促进安全质量标准化和星级安全煤矿创建水平进一步提高。

（二）推行 7S 管理是煤炭企业提升现场管理水平的重要手段

文明生产是煤炭企业抓现场管理的一项重要内容，但由于煤炭企业生产环境的特殊性，文明生产也是煤炭企业管理的薄弱环节。文明生产的标准不高、不细，管理人员对文明生产的重视程度不高，形式上东西较多，实质的东西较少。文明生产看似小事，而实际上却是企业管理的基本功，能够直观地反映出一个企业的管理水平。

7S管理的重点内容之一就是改善现场环境、提升文明生产水平。它通过“整理”“整顿”和“清扫”，打造洁净、舒适、有序的工作环境；通过“清洁”实现制度化、规范化，彻底改变现场“脏、乱、差”的现象；通过“素养”形成习惯，使文明生产得到保持，促进生产现场各要素的和谐统一。7S管理是简单实用、见效较快的提升现场文明生产水平的管理方法。

（三）推行7S管理是煤炭企业实现本质安全的重要抓手

煤炭企业的作业环境多变，不可预知的因素和危险源较多，安全管理难度较大，容易发生重特大生产安全事故，所以安全是煤炭企业的头等大事，如果煤炭企业保证不了安全，发生较大及以上安全事故，那么其他一切工作成绩都是零。7S管理的最重要的目的就是保障安全。

一是7S管理从打造整洁有序的作业环境入手保障安全生产。生产现场混乱，作业环境脏乱，安全就无从谈起。二是7S管理从安全目视化入手保障安全。现场安全标识统一，设备状态明确，危险点醒目，管理要求和管理意图一目了然，必然提升安全管理水平。三是7S管理从培养和强化人的安全意识入手保障安全。作业前的危险预知训练，通过训练提高人的风险预知和防范能力，提升人的安全素养，保障作业人员安全。通过对每个作业的危险点进行辨识，制定预控措施，帮助员工预知和防范安全风险，树立自我保护意识，最大程度减少人的不安全行为。

（四）推行7S管理是煤炭企业降本增效的有力举措

“整理”是减少空间的浪费，“整顿”是减少时间的浪费，“节约”更是消除各种浪费、增强员工节约意识的有效方法。7S管理不但能够减少材料、空间、时间等浪费，还能够减少无价值工作、信息错误等造成的隐性浪费。7S中“节约”的管理实质就是通过对现有资源进行整合利用，清除不必要因素，减少损耗，提高资源利用效率和管理效率，满足企业创造可持续价值的需要。

（五）推行7S管理是煤炭企业员工素养提升的有效途径

煤炭生产一线员工的文化程度参差不齐，导致员工的整体素养不高，通过推行7S管理能够有针对性地提高煤炭企业员工的素养。

一是让员工养成做事认真细致的习惯，从细节管理和日常工作入手，改正员工凭经验办事、应付了事、马马虎虎的毛病，培养严谨细致、脚踏实地的工作作风。二是让员工养成自觉遵守企业的各项规章制度，按制度办事、按流程操作的工作作风，杜绝“三违”，提高员工的执行力。执行力就是煤炭企业的战斗力，没有执行力就没有干好现场工作的战斗力。三是培养员工讲文明、重礼节的习惯，让员工讲文明、讲礼貌，按规定着装，注重礼节，团结同事，打造有凝聚力的员工队伍。四是通过有针对性的安全培训，让广大员工掌握煤炭安全生产的专业知识和技能，提升专业素养。五是鼓励和激发员工的创新精神，让员工关注身边不安全、不合理、不科学、不节约的问题。鼓励员工发挥聪明才智，开展以“小革新、小发明、小改造、小设计、小建议”为内容的“五小”创新活动，企业可以用员工的名字命名“五小”创新提案。

第四节　煤炭企业推行7S管理的目标原则

在煤炭企业推行7S管理，是深化煤炭企业专业化改革、推行管理创新和减亏增盈的一项重要举措。企业管理层必须切实提高思想认识，将7S管理推行工作作为一项重要任务来抓，加强组织领导，层层落实责任，务求工作实效，全力推动煤炭企业实现安全高效发展。

一、推行7S管理的主要目标

在煤炭企业全面和深入推行7S管理，建立煤炭企业安全和高效发展的长效机制，把煤炭7S管理文化融入企业文化中，实现煤炭企业作业环境安全可靠、生产指标对标一流、管理水平行业领先、经营能力不断提升、员工素质持续提高、企业形象大幅提升。通过在煤炭企业系统全面导入和推行7S管理，最终打造作业环境一流、生产指标一流、管理水平一流、经营业绩一流、员工队伍一流、企业形象一流的现代新型煤炭企业。

(1) 作业现场规范整洁

生产现场整洁有序，安全防护设施完善，目视化管理到位；库房管理规范，账、卡、物相符；办公环境干净整洁，资料管理规范。

(2) 设备健康水平提升

设备“跑、冒、滴、漏”现象显著减少，设备故障率降低，设备可靠性提高。

(3) 降本增效能力增强

各种浪费减少，工作效率提高，生产耗能下降，成本控制有效。

(4) 管理基础不断夯实

管理机制进一步完善，管理流程进一步优化，制度有效落实和执行，企业基础管理扎实，管理创新能力增强。

(5) 员工素养全面提升

员工行为规范，作风严谨，违章作业少，执行能力强，精神面貌好，团队向心力增强。

二、推行7S管理的基本原则

(1) 坚持统一部署、分类推行的原则

公司统一部署7S管理的推行工作，并根据煤矿、物流、煤化工等产业的不同特点，制订实施方案，分类加以推行。

(2) 坚持标本兼治、良性循环的原则

设备健康是根本，职工素养是关键，必须协同推行设备综合治理和队伍素质提升，切实做到标本兼治、持续提升。

(3) 坚持精益管理、创建一流的原则

“创一流”是工作总抓手，7S管理是重要管理方法，要将推行7S管理纳入“创一流”体系，并将精益化管理贯穿始终。

（4）坚持价值思维、持续改善的原则

7S管理只有起点，没有终点，要着力建立以价值思维为导向的7S管理长效机制，持续提升企业管理水平。

第二章 7S管理流程步骤

第一节 7S管理前期导入

煤炭企业推行7S管理前期导入阶段非常重要，直接关系到7S管理实施结果的成败。前期导入阶段主要领导必须高度重视，企业全力以赴，按照如下步骤进行。

一、成立机构，明确责任

7S管理前期导入阶段的首要工作是成立企业的7S推行委员会及推行小组组织机构并明确职责。

(1) 成立7S推行委员会

由企业主要负责人担任推行委员会主任，企业主要职能部门负责人担任委员，负责领导企业7S推行的整体工作。

(2) 成立7S推行办公室

明确企业各单位、各部门7S推行工作的具体责任。

(3) 组建7S督导师队伍

在7S管理推行过程中，选择责任心强、业务素质过硬的人员，建立一支精干的督导师队伍，在咨询师指导下，负责7S推行的具体工作。

二、标杆学习，导入理念

此阶段的主要工作是通过学习优秀企业的7S推行管理经验，来进行7S理念的导入，使企业中高层管理人员了解7S基础知识，为开展7S活动打好基础。一般是公司高层领导及推行工作骨干前往先进企业学习7S管理，对7S有初步的了解和认识，然后组织誓师大会、召开7S恳谈会等。

1. 召开全员启动大会

对于员工人数较少、改善范围和难度相对较小的企业，全员誓师大会可以在 7S 推行伊始召开。对于员工较多、改善难度较大的企业，全员誓师大会可以在首批样板区改善后召开，通过 7S 样板区改善效果的展示，打消员工的疑虑，激发员工参与的热情。××公司 7S 培训全员启动大会现场如图 2-1 所示。

图 2-1　7S 培训启动大会现场

启动大会包含以下主要内容。

(1) 宣布 7S 活动开始

企业高层领导表明态度和立场，向全体员工传达推行 7S 活动的原因和意义，中层管理人员当众签订责任书。

(2) 公布 7S 推行组织

公布 7S 推行委员会和推行组织成员名单，各推行组织成员依次登台亮相，让全体员工认识了解，便于 7S 管理推行工作的开展。

(3) 宣讲活动目标

7S 推行委员会主任宣讲 7S 推行活动目标，组织全体员工共同学习，提高认识。

(4) 表态宣誓

部门负责人代表部门表态，全体员工宣誓，表达推行 7S 的决心和信心。

2. 组织恳谈会

7S 活动推行过程中遇到阻碍时，7S 管理推行委员会及 7S 管理推行小组人员应深入生产一线了解员工思想动态（如图 2-2 所示），收集相关资料，分析员工产生消极、抵触情绪的根源所在，适时召开恳谈会。避免员工产生推行 7S 管理没有实际作用、增加个人工作量、开展 7S 活动会触犯部分人的利益等错误理解。推行办公室和各级管理人员应及时与员工进行诚恳的交流沟通，了解对方的真实想法，消除疑虑，为 7S 推行扫清障碍。

图 2-2　领导深入生产一线

三、现场诊断,发现问题

此阶段的主要工作是对企业现状进行诊断,应用 7S 管理的方法找出企业现场及管理上存在的问题,分析问题产生的原因,为下一步制订推行方案、明确推行目标奠定基础。调研诊断可以借助外力,聘请专业的咨询公司或者邀请系统内具有丰富经验的 7S 督导专家到现场开展;也可以通过召集企业内部 7S 组织机构成员(见表 2-1、表 2-2)开展自我评估诊断工作,然后进行客观的统计分析,形成诊断报告。

表 2-1　7S 自我评估与诊断标准

序号	评估项目	评估与诊断标准
1	公共设施、环境卫生	浴室、卫生间、锅炉房、垃圾箱等公共设施完好;环境卫生有专人负责,随时清理,无卫生死角;厂区绿化统一规划,花草树木布局合理,养护良好
2	厂区道路、车辆	道路平整、干净、整洁、交通标志和画线标准、规范、醒目;机动车及非机动车位置固定、标识清楚
3	宣传标识	张贴、悬挂表现企业文化的宣传标语;宣传形式多样化、内容丰富
4	办公室物品和文件资料	办公室物品摆放整齐、有序,实施色标管理;办公设备完好、整洁;文件资料分类定置存放,标识清楚,易于查找、取放;桌面及抽屉内物品保持正常办公的最低限量
5	办公区通道、门窗、墙壁、地面	门厅和通道平整、通畅、干净;门窗、墙壁、天花板、照明设备完好且整洁;室内明亮、空间清新、温度适宜
6	作业现场通道和室内区域线	通道平整、通畅、干净、无占用;地面画线清楚,功能分区明确,标示可移动物摆放位置,颜色、规格统一
7	作业区地面、门窗、墙壁	地面平整、干净;作业现场空气清新、宽敞明亮;标语及图片悬挂、张贴符合要求;管线布置合理,标识规范

表 2-1(续)

序号	评估项目	评估与诊断标准
8	作业现场设备、工装、工具和物料	定置管理，设备、仪器、工装和物料分类合理，摆放有序；作业现场没有无用或长久不用的物品；消除跑、冒、滴、漏现象，杜绝污染
9	职工餐厅、厨房	餐厅整体布局合理，环境清洁、舒适；环境温馨、整洁，无垃圾，无杂物，无蜘蛛网，无灰尘；厨房工作台分类标识，干净整洁，无灰尘，无杂物；厨房用具定期消毒，用后归位，保持卫生；切菜板、刀具、备餐台干净整洁，生熟分开
10	文件	文件是适用版本；记录完整、清楚；文件摆放位置适当，保持完好
11	库房	定置管理，摆放整齐；位置图悬挂标准，通道畅通；物、账、卡相符，标识清楚；安全防护措施到位
12	安全生产	建立安全管理组织机构，配备专职管理人员；建立安全生产责任制，层层落实；制定安全生产作业规程，人人遵守；有计划地开展安全生产教育与培训
13	节约管理	产品切换时间合理，无浪费；材料与供应品使用效率高。 机器等设备无空转、闲置；合理安排生产线人力资源，并充分利用
14	行为规范	员工自觉执行企业的相关规定，严格遵守作业规律；工作中坚持高标准，追求零缺陷；制定并遵守礼仪守则
15	服装与仪容	衣着整洁；工作时间按规定穿工作服，佩戴工作牌

表 2-2　7S管理自我诊断

序号		检查项目	各区域检查结果（合格打√；不合格打×）							
			生产现场		库房		办公区		后勤	
第一部分	1.1	现场是否有无用的设备、工具？								
	1.2	现场角落是否有不需要的物品、文件、物料等？								
	1.3	张贴物脏污、破损、过期有无及时去除？								
	1.4	工作区域是否有与工作无关的物品？								
	1.5	物品摆放是否整齐有序、有固定区域存放和标识、拿取自如？								
	1.6	桌椅、文件柜是否为必须使用数量的最低限度？								
	1.7	桌子、文件柜是否合理？								
	1.8	抽屉、桌垫底下是否有无用的物品？								
	1.9	有无定期实施去除不要物？								

表2-2(续)

序号		检查项目	各区域检查结果(合格打√;不合格打×)							
			生产现场		库房		办公区		后勤	
第二部分	2.1	桌面有无定位标识?								
	2.2	物品是否有标识,如有,是否明显?								
	2.3	员工作业时工器具是否摆放整齐?								
	2.4	材料、备品是否摆放整齐?								
	2.5	作业流程图悬挂是否整齐?是否与生产一一对应?								
	2.6	悬挂的有关记录表是否整齐?								
	2.7	员工桌椅是否摆放整齐?								
	2.8	是否有区域划分,各类物品是否有定位?								
	2.9	各类工作表单书写是否及时、整齐、美观?								
	2.10	生产区域通道是否畅通,区域线是否清晰?								
	2.11	员工拿取、搬运物资是否按要求做?								
	2.12	工器具等是否易于取用、不用寻找,放置方法是否正确,标识是否明确?								
	2.13	文件是否能迅速找到?								
第三部分	3.1	门窗是否清洁?								
	3.2	工作台面、电脑、打印机、设备仪器仪表是否清洁干净?								
	3.3	是否有定期清扫并点检设备设施?								
	3.4	工作区域是否整洁,是否经常清扫,地面上是否有水或油?								
	3.5	使用的机器、仪器、工器具等是否清洁无油污?								
	3.6	使用的容器是否清洁,标识摆放是否整齐?								
	3.7	生产的污染及垃圾是否及时清除?								
	3.8	垃圾箱是否已满,清扫是否已成习惯?								
	3.9	垃圾筒是否清洁无异味,卫生间是否干净整洁无异味?								
第四部分	4.1	有无周末大扫除的规定或相关清洁清扫的规定?								
	4.2	有无7S责任区划分或相关规定?								
	4.3	工作场所是否保持清洁?								
	4.4	工作场所有无卫生死角?								
	4.5	花木是否定期养护,是否无枯叶现象?								

表 2-2(续)

序号		检查项目	各区域检查结果(合格打√;不合格打×)							
			生产现场		库房		办公区		后勤	
第五部分	5.1	员工是否知道7S含义?								
	5.2	厂区内是否佩戴工作牌?								
	5.3	上班有无随意串岗、谈笑聊天的现象?								
	5.4	是否按要求戴好安全防护用具?								
	5.5	员工操作是否规范,是否符合公司规定?								
	5.6	是否穿着规定服装,服装是否穿着整齐?								
	5.7	员工是否按照作业指导书操作,是否遵守工艺规程?								
	5.8	考勤表是否及时、准确填写?								
	5.9	员工是否有随地吐痰及乱扔垃圾现象?								
	5.10	工作时间是否有做与工作无关的事情?								
	6.1	物品的摆放是否妨碍安全通道?								
	6.2	员工是否知道火灾时的逃生路线?								
	6.3	《消防器材点检卡》按时点检,有无如实填写?								
	6.4	安全工器具是否定期检验?								
	6.5	是否按照安全生产管理规定操作?								
	6.6	是否落实危险点预防预控措施?								
	6.7	化学品存放是否符合要求?								
	6.8	危险废弃物是否按规定放置?								
	6.9	安全标识是否完善、齐备?								
	6.10	安全目视化是否到位,有无遗漏点?								
第六部分	7.1	一般管理管控手段是否有效?								
	7.2	对空间的利用是否合理?								
	7.3	对材料的使用是否存在浪费?								
	7.4	办公用品是否有浪费现象?								
	7.5	办公场所是否做到人走灯灭?空调是否按规定使用?								
	7.6	账、卡、物是否相符,是否执行先进先出?								
	7.7	是否开展修旧利废活动?								

四、建立制度,物资准备

此阶段主要任务是为推行7S做好准备工作,主要包括初步建立7S推行的相关制度和做好场所和物资的准备。

7S管理制度是7S管理顺利推行的关键保障，企业推行7S管理必须制度先行。煤炭企业推行7S管理必须在7S咨询师的指导下，学习借鉴7S管理先进企业经验，初步建立各项7S管理制度，具体应该包括“7S管理推行管理办法”“7S管理督导师管理办法”“7S管理‘五小’创新管理办法”“7S管理考评管理办法”等相关制度。

物资准备的主要工作是为7S推行小组选定集中办公场所、准备7S改善常用物资和工具、设置宣传栏等。一般主要内容如下：

(1) 7S组织成立后，推行小组应有集中办公的固定场所，配置相应的办公设施，便于工作的组织、协调。

(2) 7S常用工具及物资准备工作十分重要，推行小组应根据工作需要，列出常用工器具及物资清单，备齐常用工具和物资。7S常用办公用品及常用物资清单可参照表2-3和表2-4。

表2-3　7S常用办公用品

名称	数量	要求	用途
彩色打印机	1台	含打印驱动、备用油墨3套	频繁打印宣传图片
塑封机	1台	可塑封	
办公室	1间	可供4～5人同时办公	办公兼作会议
投影仪	1台	4 800流明以上	项目组内部会议或小型培训会使用
数码相机	1部	1 200万像素以上，32 G或以上内存卡	7S项目推行人员现场拍照
白板	1块	2.0 m×1.0 m左右	供推行办开会讨论使用
彩色照片打印纸	50张	A4	打印照片用
U盘(项目专用)	1个	内存32 G及以上	资料传递使用
镭射笔	1支	带翻页	培训、交流用

表2-4　7S常用物资用品

名称	数量	要求	用途
硬板文件夹	10个	A4	推行办公室人员巡查评委评分使用
硬胶套	100个	A3:10个;A4:60个;A6:30个	样板区使用
塑封胶套(塑封膜)	150张	A3:50个;A4:100个	样板区使用
磁性贴	25张	A4:绿、蓝、黄、红、黑各5张	样板区使用
木纹胶	200卷	15～40 mm	刷油漆定位用
小不干胶带	20卷	10 mm	小物品定位
地胶带	10卷	黄黑斑马线10卷	水磨石、油漆、瓷砖等地面代替油漆使用
双面胶	50个	15～40 mm	粘贴标识使用
红色打印纸	2包	80 g	红牌作战用
尼龙扎带绳	500条	100～150 mm规格	扎电源线用
线缆定位贴	100	20 mm×20 mm	固定线缆用
裁纸刀	5把		标识制作使用

表 2-4(续)

名称	数量	要求	用途
剪刀	5 把		标识制作使用
广告纸	各 5 卷	绿、红、黄、蓝、橙、白等（宽 0.6 m、0.8 m）	
去污膏	10 盒		顽固污渍使用
地垫	50 张	纯色	工具形迹定位用
标签打印机	1 台	普通黄色 10 个；红色、绿色、蓝色、白色各 5 个（宽 12～24 mm）	用于小标签打印
刻字机	1 台	最大刻字宽度 0.6 m 的广告纸	现场有关目视化运用

(3) 在厂区或职工食堂等醒目位置设置宣传栏(图 2-3)，进行 7S 活动的宣传，也可使用现有的宣传栏、橱窗等。宣传栏要便于维护更新，有防雨、防晒的保护措施。

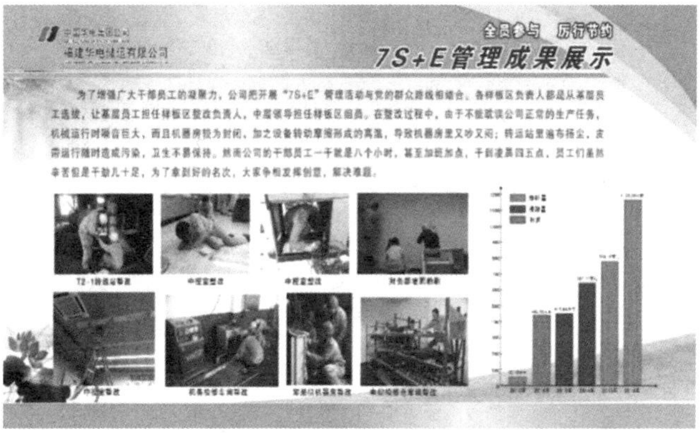

图 2-3　7S 宣传栏展示

(4) 设计标识样本。为使员工对 7S 有初步的认识，班组员工尽快进入工作状态，7S 推行小组可先设计和制作文件柜、工具柜等标识样本(图 2-4)，打印后剪切塑封，再贴于文件柜或工具柜上。

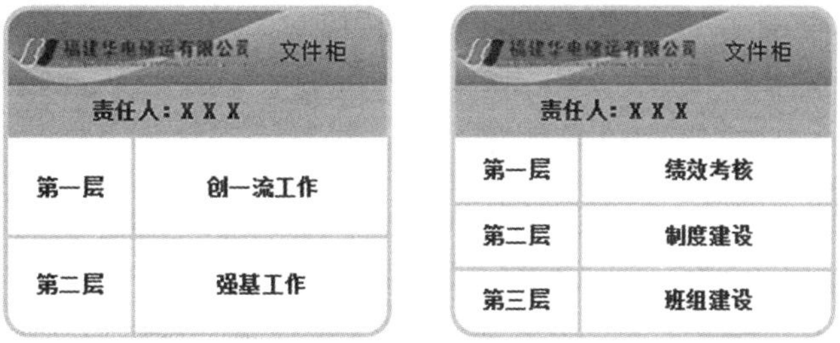

(a)　(b)

图 2-4　文件柜标识示例

(5) 制作样板区牌匾。设计制作 7S 活动样板区牌匾(图 2-5)，为样板区验收合格后授牌做好准备。

图2-5　7S活动样板区牌匾

第二节　7S推行组织实施

7S管理组织实施阶段是推行7S管理的关键，其关键实施步骤包含如下内容。

一、明确目标，制订方案

（一）明确推行目标

在7S管理组织实施阶段，企业可以设立一些阶段性目标，通过实现这些目标，最终达到企业的7S推行整体目标。例如第一阶段，创造良好的工作环境，营造和谐的工作氛围；第二阶段，降低生产成本，消除设备故障，保证安全生产，打造和谐团队等；第三阶段，7S管理的终极目标，即提高管理水平，提高员工素养，塑造企业文化。

企业应结合实际情况，确定有号召力的推行口号，口号一旦形成要广为宣传，口号要求简明有力，朗朗上口。推行口号要能够体现公司对推行工作的要求，能够有效激励员工的7S推行工作热情。企业推行口号参考如下：

从我做起，从此改变
精益管理，创造价值
正本清源，本质改善
点滴做起，追求卓越
精益求精，自我超越
公司因我更精彩

（二）制订方案

7S推行方案是整个7S推行活动的作战部署，设计推行方案时应结合煤炭企业实际特点，从5W2H分析法入手，即为什么要做(Why)，做什么(What)，在哪里做(Where)，何时做(When)，谁来做(Who)，怎样做(How)，做到什么程度(How much)。只有明确5W2H，摸清企业的实际状况，才能制订行之有效的措施方案。

推行计划主要包括整体推行计划和区域推行计划，整体推行计划主要是明确企业7S的整体部署，而区域推行计划是在整体推行计划中分解、细化制订的，应明确区域内的具体细化工作。

1. 整体推行方案

整体推行方案要明确责任人、完成时限和衡量标准，制订整体推行计划(表2-5)是将各项工作落到实处的第一步。

表2-5　××公司7S整体推行方案书

阶段	项目		周										
			7S推行进程(以周为单位)										
			1	2	3	4	5	6	7	8	9	10	…
7S活动导入阶段	1	建立7S推行组织											
	2	编制7S体系文件											
	3	制订7S活动方针											
	4	设定7S活动目标											
	5	开展7S宣传活动											
	6	召开动员大会											
	7	举办活动恳谈会											
	8	诊断企业7S现状											
7S活动实施阶段	9	制订7S推行主计划											
	10	制订部门7S计划											
	11	制定部门7S标准											
	12	开展7S教育培训											
	13	进行7S知识测试											
	14	选择7S样板区											
	15	评估样板区推行流程											
	16	制订样板区推行计划											
	17	样板区人员培训											
	18	记录样板区问题点											
	19	7S的宣传与推广											
	20	清理“不需品”											
	21	开展“洗澡活动”											
	22	工具与设备定置											
	23	开展摄影活动											
	24	进行油漆作战											

表 2-5(续)

阶段	项目		周										
			7S 推行进程(以周为单位)										
			1	2	3	4	5	6	7	8	9	10	…
7S活动实施阶段	25	张贴 7S 口号、标语											
	26	制作企业标识											
	27	进行标识牌作战											
	28	制作各类看板											
	29	实施红牌作战											
	30	开展“寻宝活动”											
	31	制定作业标准											
	32	完善 7S 管理制度											
7S活动绩效评审	33	编制 7S 活动检查表											
	34	设计 7S 检查指标											
	35	制订 7S 考评规则											
	36	制订 7S 奖惩制度											
	37	7S 活动考评准备											
	38	实施 7S 绩效考评											
	39	7S 绩效考评总结											
	40	组织 7S 成果发布会											
	41	召开成果发布会											
	42	举办 7S 成果展示											
7S活动持续改善	43	建立 7S 巡查小组											
	44	开展巡查工作											
	45	设计 7S 督导师岗位											
	46	召开 7S 自检会议											
	47	整改的跟踪管理											
	48	改善提案的管理											
	49	修订 7S 文件											

制订整体推行计划应注意以下几个方面的问题：

(1) 合理性

制订 7S 整体推行计划应结合企业的工作实际做好统筹安排，确保科学合理。如设备大小修期间，现场作业人员大部分时间和精力都放在设备检修上，7S 推行工作应尽可能安排在办公室等非生产区域。

(2) 时限性

7S 改善一般采取分批推行的方式进行，分批推行要有合理的时间限制，时限过短会造成推行人员压力大，任务无法按期完成；时限过长则会造成推行人员热情减退，消极等待。

第一批7S区域创建时，由于各方重视、力量集中、员工热情高涨等有利条件，改善时限一般以一周为宜。7S区域分批全面推行时，由于推行区域多、工作量大、兼顾日常工作等因素，每批7S区域创建时间一般以1～2个月为宜。

(3) 可承受性

7S整体方案设计时，应注意与相关部门沟通协商，考虑员工工作负荷的承受能力。在同一批区域创建期间，每个作业团队负责创建的区域个数一般不超过3个，避免员工因经常加班而消极应付，影响7S区域的创建质量。

(4) 可衡量性

7S整体工作计划要尽可能量化，各级人员能够明确每个阶段应完成的工作目标，并有相应的验收评价要求。

2. 区域推行方案

每个7S推行区域应按照企业的整体计划要求，设计7S区域推行方案，限定完成时间，确定责任人，明确工作要求，要同时做好定点摄影、材料预算、宣传总结等工作安排。××公司设备7S区域推行计划如表2-6所示。

表2-6　××公司设备7S区域推行计划表

项目	具体项目	计划时间	完成时间	所需材料	资金预算	负责人	备注
整理	建立“不要”设备标准						
	建立“不要”设备处理程序						
	及时处置不需要的设备						
整顿	设备7S材料准备						
	机台的定置、设备操作区定置						
	电气设备定置、搬运设备定置						
	机器标识、管道、线路标识						
	压力仪表界限范围标识						
	电气控制设备标识						
	制作、粘贴设备履历卡						
	设置设备标准指导书						
清扫	建立健全清扫标准						
	开展“洗澡活动”						
	开展定点摄影活动						
	设备点检、保养						
清洁	制作设备清洁检查表						
	建立设备保养规范						
	组织开展7S竞赛						
	展示7S成果						

表 2-6(续)

项目	具体项目	计划时间	完成时间	所需材料	资金预算	负责人	备注
素养	培训员工设备操作规范						
	督查员工按规范操作设备						
安全	编写设备操作注意事项						
	设备周围绘制安全警戒线						
	设备加装防护设施						
	开展演练活动						
	制作设备状态看板						
	设备点检、维修						
节约	分析设备故障						
	设备故障处理方法、改进措施						
宣传总结	宣传稿件						
	点/巡检看板内容编制						
	后期PPT总结						

二、宣传引导，培训跟进

（一）宣传引导

宣传工作在7S推行过程中起着非常重要的引领作用。当7S管理推行组织建立完成、相关工作准备到位时，企业应根据各自特点建立7S宣传阵地，通过各种形式的宣传手段，为7S宣传创造良好氛围。

针对不同阶段，宣传方式有宣传看板、7S简报、7S征文三种方式。

1. 宣传看板

企业在员工生活区、食堂附近、班组办公楼等区域设立专门的7S宣传看板，看板内容一般包括7S知识点(7S内容、方法及作用)、7S活动动态(计划完成情况、活动开展情况及图片)、7S改善成果(图片、改善前后对比)、员工奇思妙想(图片、创意感言等)、7S先进集体及个人(图片、成绩介绍、感言等)、7S盲点、7S问题点(图片、改善提示等)。7S活动看板展示如图2-6所示。

2. 7S简报

7S简报一般采用周刊、月刊的形式定期发行，可用电子版的方式下发企业班组，也可以在企业内部刊物或网站设固定专栏，如“7S知识窗”“7S在行动”“我与7S”等，及时发布7S工作进展情况。

3. 7S征文

企业一般在7S活动推行5～6个月后开展征文活动，征文范围可以涵盖全体员工参与

图 2-6　7S 活动看板展示

7S 活动相关的原创作品，征文内容一般包括 7S 推行过程中的小故事、对 7S 的理解和认识、7S 推行工作的感觉和体会、7S 给企业及员工带来的变化等。企业按照预先制定的评价规则开展征文评比工作，对优秀作品给予表彰和奖励。

（二）培训跟进

教育培训是 7S 推行过程中非常重要的一环，培训的目的不仅仅是让员工了解和掌握 7S 的基础知识、基本原理和改善方法，更重要的是让员工领会企业推行 7S 的目的和意义、7S 管理的本质内涵，从而能够在思想意识上和行为方式上得以转变。

（三）培训计划管理

培训计划的制订首先明确对象，了解对象的状态和需求，根据对象的需求确定方向和内容制订培训计划，根据培训计划选择教师。

1. 培训教师的选择

根据培训需求选择教师，推行初期建议邀请有煤炭行业服务经验的管理咨询公司的优秀讲师或 7S 管理实施时间较长、效果较好的煤炭企业的 7S 督导专家担任培训讲师。

2. 实施培训

按照培训计划严格组织培训。在开展培训的过程中，应采取互动培训方式，适当插入游戏、问答、竞赛等项目，以提升培训效果。为保证培训效果，7S 实际操作培训一般要经历听、看、做、讲四个阶段。

听：我讲给你听。咨询师或督导师将改善方法、原理等讲给员工听。

看：我做给你看。咨询师或督导师现场实际操作完成改善，员工在旁边观看学习。

做：你做给我看。员工按照咨询师或督导师教授的方法实施改善，咨询师或督导师在一旁指导。

讲：你讲给我听。员工将改善方法和过程讲给咨询师或督导师听，进一步加深理解，确保掌握方法。

3. 培训效果评估

培训效果可通过笔试测验、实操测验、发放调查问卷、组织知识竞赛等方式进行评估。

(四) 督导师队伍建立与培训

在 7S 管理推行过程中,必须建立一支精干的督导师队伍,进行严格的 7S 专业技能培训提升,在咨询师指导下,建立样板区,负责责任区域的 7S 管理推行。

7S 管理培训是 7S 推行成功的关键,本书第三章将详细介绍 7S 培训的方法技术相关内容。

三、样板先行,渐进展开

(一) 样板先行

企业开展 7S 活动时,最有效的突破口就是建立 7S 样板区,以样板区的成功来积累经验,而后再向整个企业全面推行。这样,可以起到凝聚力量、以点带面、星火燎原的效果,确保 7S 活动的有效开展,提高 7S 活动的成功率。企业一旦选定样板区后,应务必竭尽全力在短时间内取得成效,使样板区成为真正的典范。

样板先行可以集中所有资源和力量,保证 7S 改善工作有一个较高的水准。用事实说话,减少员工对于 7S 管理的抵触,消除一部分人的疑虑,使全员上下一心,积极参与改善。样板试行的过程既是发现问题、暴露问题并解决问题的探索过程,又是集思广益、选取最优方案或措施的实践过程,可积累一定的管理经验。

1. 选择样板

(1) 选择不同类型、典型突出、有一定代表性的样板区。一般在生产现场、办公室、库房、工具房等区域各选 1～2 个样板区。

(2) 样板区的负责人要有较强的责任心,有改善意愿,有一定的项目管理经验。

(3) 选择基础差、问题多的区域作为改善样板区,通过短期集中开展 7S 管理活动,促使管理现场得到根本改善。改善前后的反差会给员工带来巨大的视觉冲击和思想冲击。

(4) 生产现场样板区域应尽可能选择多专业、班组配合的项目,这样既能保证按期完成,又能形成人人参与的氛围。如煤炭输送系统区域,样板区打造必须由机械、电控、运行等人员协同作战。

2. 实施改善

样板区 7S 改善的主要步骤包括:根据选定的样板区制订活动计划;对相关人员进行动员培训和指导;深入样板区记录 7S 存在的问题;整理发现问题,下达整改通知;落实人员及改善材料、工具;确定改善对策,实施改善;收集改善前后图片,展示典型事例。

样板区的改善过程中,要注意收集保留以下数据资料:

(1) 改善前后状况;

(2) 基本数据(空间、面积、金额、数量、人数等);

(3) 基本流程;

(4) 重点问题(摄影或记录);

(5) 整个改善推行思路及过程;

(6) 最终改善结果。

3. 组织观摩

样板区打造后,企业应及时组织观摩活动。观摩活动应由推行委员会主任带队,组织中层干部、管理人员及职工代表进行观摩,组织观摩的目的有以下几点:

(1) 让观摩人员身临其境现场感受7S的效果,并与自己所辖工作区域的现状做对比,激发员工兴趣,形成参与意愿,增强推行7S信心。

(2) 明确企业的态度和决心,打消部分人的疑虑,激发全体员工参与7S改善的热情。

(3) 对样板区进行正确的评价,肯定成绩,指出不足,进一步完善,使其成为企业的示范榜样。

组织样板区观摩注意事项:

(1) 人数适量,10～20人为宜,超过20人可分组;

(2) 推行委员会主任带队;

(3) 规划好参观路线,确定负责解说的员工,做好解说准备;

(4) 推行委员会领导对改善成果与经验要充分肯定。

(二) 渐进展开

样板区7S活动推行成功后,企业应在总结7S样板区工作经验的基础上,以渐进展开的方式在全公司范围内逐步推行7S管理工作。

1. 渐进展开应遵循的五个原则

(1) 以点带面;

(2) 典型引路;

(3) 先易后难;

(4) 重点突破;

(5) 贵在坚持。

2. 渐进展开的注意事项

(1) 应按公司设备、场所划分的管理规定,划分7S各批次推行数量及区域;

(2) 应充分考虑日常工作安排,以部门意愿和重要程度相结合的方式,分批次确定7S区域负责人及完成时间;

(3) 各批次实施改善、验收、表彰等管理工作参照首批样板区进行;

(4) 借鉴样板区管理经验,着手编制技术规范,完善管理制度。

3. 渐进展开的推行方式

渐进展开的推行方式一般分为三种(表2-7),三种方式各有优劣势,各企业应根据实际情况选择推行方式。

表 2-7 7S渐进展开的不同推行方式比较

渐进展开方式	优势	劣势	适用情况
按部门/专业分批次展开	便于部门、专业统筹协调物资和人员	企业总体安排与部门、专业安排可能发生冲突	人员较少、改善区域较多的企业
按区域/机组分批次展开	有利于集中力量打造重点区域	各专业工作量可能不均衡	人员较多、改善区域较多的企业
直接全面铺开	推行速度快	工作量大,不利于管理	改善区域较少的企业

第三节 7S推行检查考评

7S管理的检查考评是推行7S管理成果的重要保证手段,主要包含如下关键内容。

一、过程督导,严格管控

7S推行过程中,推行小组、督导师应充分发挥作用,按照督导内容要求,开展现场督导工作,随时跟进工作进展,定期公布工作进度,确保过程督导取得成效。

(一)过程督导

7S活动过程督导主要内容如表2-8所示。

表 2-8 7S活动过程督导内容

责任人	工作内容
督导师	每周检查所督导区域的7S改善计划完成情况,汇总审核下周计划,报推行小组。 每周对所督导区域的7S看板内容更新情况进行监督检查。 每周对所督导的区域进行巡视检查,并提出不少于10项的整改问题,并监督检查问题处理情况。 对7S推行小组提出的检查整改问题进行及时处理并反馈
推行小组	每周对7S区域保持整改情况、周计划完成情况、看板更新情况进行现场检查,检查结果及时发布

(二)跟进管控

7S推行过程中,7S推行小组应加强管控督导工作情况,如表2-9所示。

表 2-9 7S推行过程管控督导

跟进的主要内容	工作要求	责任人
周工作计划、月工作计划	工作计划制订及时、闭环及时	各部门
7S改善任务完成情况	按要求及时完成	区域负责人

表 2-9(续)

跟进的主要内容	工作要求	责任人
红牌提出问题的整改情况	按时限要求及时整改	区域负责人
督导师红牌发放情况	按数量要求及时发放红牌	督导师

（三）定期公布

7S推行小组应在活动开展过程中，通过例会、7S宣传栏、专刊、简报等方式，定期、及时公布7S活动开展情况等，让员工充分关注和了解7S工作动态。定期公布的主要内容包括7S推行工作计划完成情况、红牌发放和回收情况及改善过程中普遍存在的问题等。

二、检查评比，提升效果

定期组织检查评比在7S推行过程中非常重要，它不仅能够及时检验所取得的改善效果，而且能够极大地激发员工的热情，形成比、学、赶、超的良好氛围。企业可以根据需要，每月或每批次改善结束后，组织一次检查评比。

三、有效激励，激发热情

使7S管理在企业落地生根的真正力量来自集体，来自员工。因此7S推行过程面临的最大问题是如何充分调动员工参与改善的积极性。企业应结合实际工作需要，综合运用多种激励手段，激发员工个体和团队的积极性、主动性、创造性。为7S推行营造良好氛围，7S管理的激励应坚持以正面激励为主。

（一）物质激励

7S推行阶段，企业应设立7S专项奖励基金，用于对员工的奖励。7S推行过程中的物质奖励要包括检查评比奖励，提案改善奖励，竞赛、宣传培训方面的奖励。

1. 检查评比奖励

物质奖励的主要内容是根据检查评比结果对优秀的改善区域、改善创意、改善个人等进行奖励。奖项的设置根据企业7S推行实际工作需要，一般设置改善优秀区域奖、7S优秀团队奖、优秀个人奖、优秀督导师奖、最佳看板奖、进步奖等。

2. 提案改善奖励

主要奖励7S推行过程中的小革新、小发明、小设计、小建议、小改造等，还包括节约课题、修旧利废等专项奖励。企业可以根据实际需要，探索建立相关奖励机制。

3. 征文、竞赛等宣传培训方面的奖励

7S推行过程中，企业可根据实际需要组织知识竞赛、征文比赛等宣传、培训方面的活动，配合活动开展设立一些奖项，以调动员工参与的积极性。

（二）精神激励

有效精神激励所起到的作用往往会大于物质激励，企业可以采取多种方式对员工进行精神激励。7S推行过程中的精神激励主要包括荣誉激励、高层肯定、感情激励、示范挂牌、外训激励等。

1. 荣誉激励

（1）发放荣誉证书。在对最佳区域、最佳创意、最佳团队、优秀督导师、优秀团队和个人进行物质奖励的同时，颁发荣誉证书。

（2）介绍改善经验。在评比表彰会上请优秀区域介绍改善成果，交流经验和感想。

（3）张贴先进个人和团队照片。在宣传栏、公司网站等张榜公布先进集体和个人的照片及其参与改善的精彩图片。

（4）建立英雄榜。为积极参与7S改善活动，并获得成绩的专业负责人建立英雄榜，定期公布。

（5）改善创意命名。以创意人的名字对优秀的小发明、小创意、小改善命名，激发员工的自豪感。

（6）印发员工文字。及时收集、整理员工的7S感言、征文、投稿等，整理成册，印制发放。

2. 高层肯定

（1）当面肯定。7S推行委员会领导在7S推行过程中定期巡视现场，随时了解掌握员工的工作情况，发自内心地给予承认和肯定。

（2）亲自授奖。企业最高层领导参加7S阶段性成果发布会，亲自为员工颁奖，让员工感到自身工作受到重视。

3. 感情激励

（1）组织7S茶话会。企业高层主持茶话会，与员工畅谈7S区域打造后的变化与感受，与员工分享改善过程中的喜与乐。

（2）组织员工家属参观样板区。邀请员工家属参观员工亲手打造的7S改善区域，让家属深入了解员工的工作环境，感受企业的文化氛围。

4. 示范挂牌

在7S样板区悬挂总经理签名的荣誉牌，激励样板区继续改善和保持成果，发挥以点带面的作用，激励其他区域向样板区学习，营造“人人出谋划策，团队争创样板”的良好氛围。

5. 外训激励

组织职工外出参观考察优秀企业，参加7S培训或相关管理培训，让员工开阔视野、丰富知识，进一步激发员工改善热情，提升自我素质，努力奉献企业。

第四节　7S 管理总结提升

7S 管理的总结提升阶段是对推行 7S 管理成果的总体检验，为推行期过后纳入企业的常态化管理奠定良好基础，7S 管理总结提升主要包含如下内容。

一、评价验收，总结表彰

7S 活动推行期结束后，企业要组织对活动成果进行系统验收，对活动开展情况进行全面总结。

（一）检查验收

改善区域的整体检查验收一般包括自我评价和公司评价两个阶段。

自我评价是改善区域团队组织的内部检查和评价打分，主要目的是按照 7S 管理要求，从整理、整顿、清扫、清洁、素养、安全、节约的不同环节进行客观评价，检查活动整体开展情况，全面掌握自身存在的问题和不足，为下一步制定提升措施打下良好的基础。

公司评价是区域完成自我评价后，由 7S 推行小组组织公司整体检查验收。公司检查小组由推行委员会成员、推行小组成员，以生产、办公、库房、后勤等各区域代表组成。检查范围包括各批次改善区域，检查内容除了对区域改善情况进行评价外，还要对区域 7S 管理体系建立情况、人员对 7S 了解和认识、区域自我评价的开展情况等进行综合评价。

自我评价和公司评价结束后，推行小组应及时撰写《7S 推行工作总结报告》，总结报告包括 7S 推行情况回顾、7S 推行取得的成果、推行阶段遗留问题、下一步的工作打算等。

（二）表彰大会

总结表彰会应在全面检查验收结束之后召开，由推行小组组织，参加会议的人员包括企业中高层管理人员、7S 督导师、7S 区域负责人及部分员工代表。总结大会通常包括成果展示、员工代表发言、推行工作总结、领导颁奖、督导师点评、部门领导发言、公司主要领导总结等议程。

（1）成果展示

优秀区域代表将区域改善成果以 PPT、微电影等多种方式向参会人员进行展示。展示内容包括 7S 对生产环境、员工行为素养、企业管理和效益等方面带来的变化。

（2）员工代表发言

从不同部门选择部分员工代表以讲故事的方式，讲讲自己和 7S 的故事、身边的 7S 故事，畅谈自己的感受和收获。

（3）推行工作总结

推行小组负责人对推行过程进行全面回顾总结，包括开展的重点活动、涌现出的先进事迹、存在的问题和下一步的工作打算等。汇报一般以 PPT 的形式进行。

(4) 领导颁奖

推行委员会领导为获奖人员和获奖区域颁奖。表彰范围一般包括为推行工作做出突出贡献的个人、表现优异的团队、不断改善提升的区域等。图2-7为××公司表彰7S样板区。

图2-7 表彰7S样板区

(5) 督导师点评

全程参与和负责7S活动推行的督导师从专业的角度对7S推行情况进行总体点评,指出工作亮点和创意,以及需要改进提升的地方。

(6) 领导总结

公司7S推行委员会主任可以对活动整体开展情况进行总结和评价,对7S推行小组及全体员工的积极参与表示感谢,对取得的成果表示祝贺,对下一步改善提升和常态化管理工作提出要求,也可以讲述对7S内涵的理解,提升员工对7S管理的理解。

二、精益管理,整改提升

7S管理取得阶段性成果后,必须在总结表彰的同时,清晰地认识到7S管理存在的问题,制订切实可行的7S改进方案,加强精益管控,认真进行整改提升,使7S管理更好地保证企业安全高效生产经营。

三、完善制度,长效机制

(一) 资料汇总

7S推行过程中,推行小组应及时汇总整理相关资料,防止过程中资料的遗失。活动结束后,应尽快组织相关人员收集整理推行过程资料,并对活动进行系统的回顾、总结和提炼,形成成果资料,具体内容如表2-10所示。

(二) 完善制度

制度体系的建立对7S推行期过后的常态化管理阶段非常重要。企业应通过在7S管理推行实践过程中的不断探索、总结，形成一套相对完善的制度体系，用制度保证7S管理的常态化。

表2-10　资料的汇总整理

资料分类		内容
推行过程资料	计划总结类资料	推行方案、推行计划、阶段总结
	过程记载类资料	工作记录、会议纪要、专项活动资料
	培训宣传类资料	宣传期刊、宣传栏、宣传手册、培训计划、教材、总结等
	检查评比类资料	各区域的检查评分表发放和回收的红牌、整改通知书
推行成果资料	7S推行纪实	推行过程和方法的总结回顾
	7S宣传片	企业7S活动开展情况、取得成果总结
	7S员工征文作品	员工谈7S推行故事和体会
	提案改善案例汇总	员工小改、小提案、小创意的汇总

关于7S管理的绩效考核和长效机制建设，本书第八章将进行详尽讲述。7S推行的具体流程路线如图2-8所示。

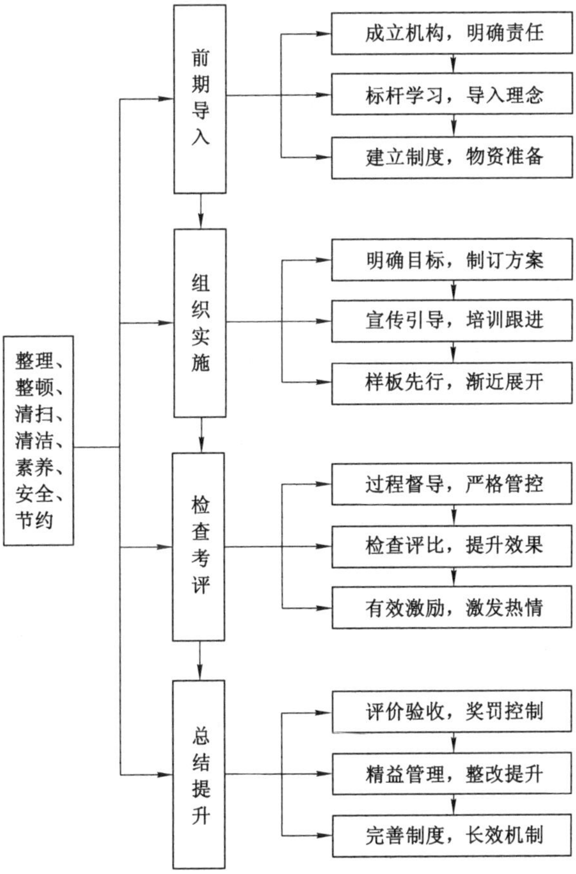

图2-8　7S管理推行路线图

第三章 7S 管理技能提升培训

第一节 培训计划安排

教育培训是 7S 推行过程中非常重要的一环，培训目的不仅仅是让员工了解和掌握 7S 的基础知识、基本原理和改善方法，更重要的是让员工领会企业推行 7S 的目的和意义、7S 管理的本质内涵，从而使员工能够在思想意识上和行为方式上得以彻底转变。

一、确定培训对象

在开展 7S 培训活动之前，必须先确定培训对象，了解培训对象的状态和培训需求，根据培训对象的培训需求确定培训方向和培训内容，根据培训内容和方式制订培训计划，根据培训计划选择培训教师。7S 培训对象见表 3-1。

表 3-1 7S 培训对象

对象	说明
推行组织成员	7S 推行组织成员是活动直接负责人，必须了解 7S 管理与推行原理及相关知技能、宣传教育方式、评审技巧和考核方法
骨干人员	挑选并培训骨干人员，使他们较好地理解和认识 7S 基本知识技能，由他们组织与推行 7S 活动。培训骨干人员，可采取外委培训、参观先进企业和购买培训教材等方式
普通员工	接受培训的推行组织成员和骨干人员向普通员工传授 7S 知识，使其了解 7S 基本知识技能、活动意义及目标，在培训过程中应注意互动性，鼓励员工积极参与

员工在对 7S 的认识等方面上存在差异，企业必须通过培训的方式增强员工对 7S 的认知能力，消除员工的意识障碍，教育培训程度的高低决定 7S 活动的推行效果。

二、拟定培训计划

7S推行委员会根据管理人员、作业人员、新员工的不同情况拟定7S培训计划，同时将7S培训计划纳入企业的年度培训计划。在拟定7S培训计划之前，应先编制7S培训大纲。

三、编制7S培训大纲

7S培训大纲也是培训的总计划，包括培训的内容、目标、对象、要求、时间等，7S培训大纲见表3-2。

表3-2　7S培训大纲

内容	项目	目标	对象	要求	1～4周	5～8周	9～12周
7S知识培训	7S管理基本原理	培训考核合格率达80%	全体员工		→		
	7S推行基本方法手段				→		
	7S推行基本技能				→		
7S推行步骤	成立推行委员会和推行小组	全体员工100%理解并正确实施	管理人员			→	
	组织成员集中学习					→	
	设定改进部位进行现场诊断					→	
	开展改进活动						→
	发动员工自己开展改进活动						→
	确认和检查改进效果						→
……	……	……	……	……	……	……	……

四、制订部门/班组7S培训计划

7S推行小组依据7S培训大纲，与各部门/班组共同拟定培训计划（月度），部门/班组7S培训计划见表3-3。

表3-3　部门/班组7S培训计划

培训项目	受训人员	培训期限	培训时间	培训地点	讲解人
7S基本培训课程					

表3-3(续)

培训项目	受训人员	培训期限	培训时间	培训地点	讲解人
7S督导师培训课程					

填报员：　　　　批核员：

填报日期：　　　　批核日期：

第二节　培训组织实施

一、培训讲座

按照培训计划，聘请管理咨询公司讲师、7S管理专家教授实施培训。某煤炭企业为强化企业管理，加速7S管理工作全面推行，举办了首期7S管理推行培训班。公司职能部门、煤矿、选煤厂等单位负责人及7S督导师参加了培训，管理培训现场见图3-1。

图3-1　某公司7S管理培训现场

二、培训课程

培训课程分为八个知识要点，培训师重点从7S起源内涵、基础知识、具体内容、推行方法、推行技巧、工具运用等方面进行讲解，见表3-4。

表 3-4　7S 管理培训课程

培训时间	培训地点	培训内容
08:00～18:00	培训中心教室	第 1 讲:7S 管理的起源与内涵 第 2 讲:推行 7S 管理目的、意义
	培训中心教室	第 3 讲:7S 管理具体内容 第 4 讲:7S 管理的推行步骤
	培训中心教室	第 5 讲:7S 管理推行工具 第 6 讲:7S 管理推行样板区打造
	培训中心教室	第 7 讲:7S 管理推行的方法措施 第 8 讲:7S 管理的绩效考核
	培训中心教室	7S 管理知识技能测试

三、参观学习

组织参观学习 7S 管理先进的企业现场,见图 3-2。

图 3-2　参观学习先进企业现场

四、经验交流

定期开展经验交流,将 7S 管理推行过程中的优秀经验相互传播,同时群策群力,攻克一些 7S 推行中遇到的复杂疑难问题。

某煤炭企业为深化 7S 管理工作,总结推行经验,组织召开 7S 管理经验交流会,见图3-3。

图 3-3　7S 管理经验交流会

五、知识竞赛

企业可在 7S 推行的过程中举办各种丰富多彩的 7S 竞赛活动。这不但可以有效推广 7S 知识，而且还能提高员工的积极性。

1. 选定 7S 活动竞赛月/周

企业可以根据目标或任务选定 7S 活动竞赛月/周。

2. 开展 7S 有奖知识竞赛

企业应当选择适当的时机开展 7S 知识竞赛，一般以 7S 推行初期或取得阶段性成果的时候为佳。当 7S 推行取得一定的成果时，员工容易产生懈怠心理，认为 7S 推行既然已经取得了成果，就不需要像开始那样执行了。此时开展 7S 知识竞赛，可及时遏制员工的消极心态，激发员工持续推行 7S 的动力。

7S 有奖知识竞赛一般采用部门组队参赛、现场提问作答等方式进行。7S 推行委员会在赛前须制订比赛方案，包括：比赛方式、参赛要求和比赛规则等，并及时予以公布，以便于各部门做好参赛准备。

7S 有奖知识竞赛活动参考方案如下所示。

7S有奖知识竞赛活动方案

一、比赛时间

××年××月××日 13:00～17:00。

二、参赛队伍

公司所有部门各派一个代表队参赛，每个参赛队共5人。

三、比赛规则

1. 比赛前，各参赛队领队进行抽签。

2. 竞赛题型包括抢答题、必答题和风险题3种。

3. 抢答题共30题，主持人读完题并说“开始”后，参赛队员方可按铃抢答，答题时间不得超过1分钟。每答对一题加10分，答错或超时扣10分。若主持人未读完题或未说“开始”，参赛队员便按铃抢答，则每题扣10分且该题作废。

4. 必答题为所有参赛队均须回答的题目，答题时间为1分钟，每题的分值为10分，答对加10分，答错或未能回答的不得分。

5. 各参赛队自行选择不同分值的风险题，答题时间为2分钟。答题顺序按当时得分的实际情况从高到低排列。题目难度分别为一、二、三级，与其相对应的分值为10分、20分和30分，答对加相应的分值，答错扣除所选题目相应的分值，放弃答题则扣除所选题目对应分值的一半。

6. 本次竞赛每个参赛队的基础分为100分，由主持人现场给出加分或减分。

7. 本次竞赛还为现场观众设有有奖竞答环节，答对者可获得一份纪念品。

四、比赛要求

1. 单组参赛人员统一着装，竞赛中途不得退场。

2. 参赛选手答题时必须口齿清楚，讲普通话，声音响亮，以便主持人和评委评分。

3. 允许商议时，由参赛队员在台上讨论决定，其他人员不得在台下指挥。

4. 参赛人员不得作弊，凡发现有翻阅资料等行为，一次扣20分，两次则取消参赛资格。

5. 所有人员须遵守赛场规则及公司其他相关规章制度。

五、奖项设置

大赛设一等奖1名，二等奖3名，三等奖5名，比赛结束后由总经理当场颁奖。

××公司7S推行委员会

____年____月____日

第三节　督导师集训提升

一、督导师角色定位

在7S样板区创建、渐进推行、保持改善过程中,7S督导师的监督指导工作具有无可替代的作用,在企业内部构建一支专业的7S督导师队伍,会起到事半功倍的作用。

督导师的角色及日常工作要求如下。

(1) 培训师职责:每周至少2～3次深入现场,进行7S督导。

(2) 监督人职责:及时跟进改善工作进展情况、问题整改情况。

(3) 联络员职责:做7S管理层和执行层沟通的有效桥梁。

(4) 发现者职责:及时发现和收集现场好的7S改善创意。

二、7S督导师任用条件

7S管理推行督导师应该熟悉7S管理知识、推行技巧、企业管理现状,负责调查分析现有的管理方式,找出存在的问题,提出改善方案并指导实施。7S管理推行督导师的任用条件如表3-5所示。

表3-5　督导师的任用条件

能力素质	知识	7S基础知识、目视管理与看板管理知识、精益生产原理、标准化方法、ISO品质系列知识、相关国家标准、行业标准、生产工艺
	技能	PDCA模式、5W2H技能、沟通技巧、组织策划与宣传技能、跟进技能、总结能力
	心态	调整心态,做好引领者、服务者、指导员和监督员
品质素质	热情	热爱7S管理工作
	信心	有成功的信心
	沟通	寻求并获得企业领导、部门负责人、班组长和员工的支持
	教导	具有策划和传授知识的能力

三、督导师培训流程

7S推行督导师可以由培训机构的人员担任,也可以由企业内部人员担任。

督导师培训方式直接决定着7S的培训效果,通常采用讲授和现场指导相结合的培训方式。7S督导师常用培训方式主要有:教育讲授、现场指导、现场评估。

具体操作流程如下所述。

(1) 咨询师现场进行讲授，让督导师学员掌握 7S 的基本知识和方法。

(2) 咨询师现场进行示范，并应示范 2～3 次。

(3) 学员试操作，培训咨询师在一旁观察。督导师学员操作结束后，培训师指出问题，并给予指导，直至学员完全掌握。

(4) 现场评估。督导师学员将所学的 7S 知识应用于工作中。7S 培训师应定期进行检查与评估，确认学员运用 7S 的熟练程度，处理督导过程中常见问题。

四、督导师培训内容

督导师培训内容见表 3-6。

表 3-6　督导师培训内容

培训模块	培训内容	课时	目的
素质培训	1. 责任心提升 2. 沟通能力提升 3. 执行力提升 4. 团队凝聚力提升	16	提升综合素质
能力培训	1. 7S 各要素的推行重点 2. 7S 推行工具应用 3. 7S 样板区构建方法 4. 7S 管理制度培训	24	提升专业技能

五、督导师专业能力提升

7S 督导过程中，由于企业各层级人员的个人素质不同、所处的立场和观点不同以及涉及个人和集体的利益等情况，会遇到各种问题，使 7S 管理受到排斥和抵触，影响 7S 督导工作的顺利开展，督导师必须深入基层，针对具体现场问题，严格按照 7S 管理的基本原则，随机应变，结合实际提出处理对策。见表 3-7。

表 3-7　7S 督导对策措施

问题	存在问题	处理对策
不愿做	1. 7S 是打扫卫生，是形式主义。 2. 7S 增加了工作负担，没什么好处	加大宣传激励，让员工了解推行 7S 的好处，积极主动改善
不会做	1. 7S 提高了工作标准。 2. 员工没有工作经验，不清楚怎样改善	亲自动手，引导示范，教给员工怎样做
不能做	1. 与其他工作冲突，无暇顾及。 2. 受到资源条件限制，无法实施改善	科学制订和调整计划，积极协调各方资源，创造有利条件

第四节　7S技能考核管控

在推行7S管理的过程中,7S知识测试既是一种考核管控方式,也是一种教学方式。它主要有两大作用:一是检验学员整体培训效果,通过知识测试题考查员工对课堂讲授知识的接受程度、对7S知识的了解程度;二是查漏补缺,奖优惩劣,对优秀员工予以表彰、奖励,未合格者给予适当惩处,并要求参加补考,直至合格为止。

一、中层干部的7S知识技能考核

在7S推行中,中层干部(如部门经理、主管人员)扮演着管理者的角色。因此,应站在全局的角度为中层管理人员设计7S技能测试题,全面考查其对7S技能知识掌握情况。

二、班组长的7S知识技能考核

在7S推行活动中,班组长具有承上启下的重要作用,既是车间主管推行7S工作的协助者,又是班组推行7S工作的领导者。因此,在为班组长设计7S知识测试题时,既要考虑7S基本理论知识的比重,又要兼顾实际操作知识的考核。

三、作业人员的7S知识技能考核

作业人员在7S推行中扮演着操作者的角色,各项7S活动的实际操作都是由一线作业人员最终完成的。因此,作业人员7S知识技能题的设计应该包括两方面的内容:7S基础知识和实操知识。

四、7S管理知识技能测试

7S知识技能考核主要通过考试方式进行。主要分为中层干部7S知识技能测试、督导师7S知识技能测试和基层员工7S知识技能测试。

（一）中层干部7S知识技能参考测试题

中层干部7S知识技能测试题(模板)

姓名：________ 部门：________ 得分：________ 日期：________

一、填空题(共30分,每空1分。将正确答案填在横线上)

7S的内容包括__________、__________、__________、__________、__________、__________、__________。

清洁的定义是____。

7S推行组织主要有____。

整顿的“三定”原则是指____________、____________、____________。

7S的最终目的是____。

7S活动实施的步骤是______________、______________、______________、______________、______________、______________、______________、______________、______________。

本公司的7S活动方针是____。

7S的八大作用是____________、____________、____________、____________、____________、____________、____________、____________。

二、选择题(共20分,每题2分。选出一个或多个合适的答案,将其代号填入括号内)

1. 在7S活动推行中,最重要的是(　　)。

A. 环境很整洁　　B. 生产效率高

C. 人人有素养　　D. 公司有制度

2. (　　)是7S推行活动的主体。

A. 企业老总　　B. 管理人员

C. 班组长　　D. 全体员工

3. 下列哪个不属于7S推行委员会的成员?(　　)

A. 执行委员长　　B. 委员长

C. 委员　　D. 推行小组组长

4. 7S对员工的影响是(　　)。

A. 增加工作时间　　B. 提高个人绩效

C. 安全没有保障　　D. 增加工作负担

5. 在样板区成功推行7S后,下一步应该(　　)。

A. 全面导入7S　　B. 召开动员大会

C. 召开成果发布会　　D. 考核评比

6. 7S 与生产环境的关系是(　　)。

A. 破坏　　B. 改善　　C. 没有关系

7. 目视管理的要点包括(　　)。

A. 无论是谁都能判断好坏(正常或异常)

B. 能迅速做出判断，精准度高

C. 判断的结果不会因人而异

D. 醒目，美观，领导满意

8. 整顿工作的目的是(　　)。

A. 使工作场所一目了然　　B. 营造整齐的工作环境

C. 缩短寻找物品的时间　　D. 清除过多的积压物品

9. 7S 推行应该做到(　　)。

A. 坚持半月

B. 见效果就停止

C. 坚持两年

D. 持之以恒，成为日常工作的一部分

10. 7S 起源于(　　)。

A. 美国　　B. 日本　　C. 中国　　D. 韩国

三、问答题(共 50 分，第 1～3 题每题 10 分，第 4 题 20 分)

1. 简述 7S 中“素养”的重要性及推行要领。

2. 7S 管理与安全质量标准化的联系有哪些?

3. 列举 8 项本公司存在的 7S 问题点，并给出合理的改善建议。

4. 论述你所属部门在 7S 推行中的责任以及如何与推行组织协作。

（二）督导师7S知识技能参考测试题

督导师7S知识技能测试题(模板)

姓名：________ 部门：________ 得分：________ 日期：________

一、填空题(共30分,每题3分。将正确答案填在横线上)

7S的内容包括________、________、________、________、________、________、________。

整顿的“三定”原则是指____________、____________、____________。

7S推行委员会由____________、____________、____________、____________四个岗位构成。

____________________是维护整理、整顿、清扫的结果。

整理的实质是区分____________和____________。

在7S内容的定义中,各种工具、材料等随意摆放属于____________的问题;随意乱扔废弃物属于____________的问题;在生产车间内吃零食属于____________的问题。

整顿主要是排除________________浪费。

7S中的____________________是针对现场、物品的;7S中的____________________是针对人的。

本公司的7S推行方针是____________________。

红牌作战的对象包括____________、____________、____________、____________、____________、____________等。

二、选择题(共30分,每题2分。选出一个或多个合适的答案,将其代号填入括号内)

1. 7S推行的根本目的是(　　)。

A. 降低生产成本　　B. 改善生产现场

C. 提高产品品质　　D. 增加企业盈利

2. (　　)是7S推行活动的主体。

A. 企业老总　　B. 管理人员　　C. 班组长　　D. 全体员工

3. 在清洁工作中,应该(　　)。

A. 清除工作中不要的物品

B. 将物品按规定的位置摆放

C. 在公司范围内进行大清扫

D. 将整理、整顿、清扫制度化

4. 整理期间可以采取下列哪些7S手段?(　　)

A. 红牌作战　　B. 洗澡活动

C. 平面定局　　D. 定位法则

5. 整顿期间可以采取下列哪些7S手段?(　　)

A. 红牌作战　　B. 洗澡活动

C. 平面定局　　D. 定位法则

6. 清扫期间可以采取下列哪项7S手段?(　　)

A. 红牌作战　　B. 洗澡活动

C. 平面定局　　D. 定位法则

7. 目视管理的要点包括(　　)。

A. 无论是谁都能判断好坏(正常或异常)

B. 能迅速做出判断,精确度高

C. 判断的结果不会因人而异

D. 醒目,美观,领导满意

8. 整顿工作的目的是(　　)。

A. 使工作场所一目了然　　B. 营造整齐的工作环境

C. 缩短寻找物品的时间　　D. 清除过多的积压物品

9. 7S推行应该做到(　　)。

A. 坚持半年

B. 见效果就停止

C. 坚持两年

D. 持之以恒,成为日常工作的一部分

10. 煤炭企业井下7S管理应当分为哪几个区域?(　　)

A. 采煤区　　B. 掘进区

C. 硐室区　　D. 运输区

11. 对待7S应有的态度是(　　)。

A. 随便应付就行

B. 事不关己,高高挂起

C. 看别人怎样做就怎样做,随大流

D. 积极参与

12. 7S推行手段包括(　　)。

A. 定点摄影　　B. 红牌作战

C. 目视管理　　D. 洗澡活动

13. 形迹管理的好处包括(　　)。

A. 30秒取出需要的物品　　B. 物品一目了然

C. 减少物品寻找时间　　D. 以上都是

14. 消除安全隐患,预防事故发生是哪一阶段的内容?(　　)

A. 整理　　B. 清扫

C. 素养　　D. 安全

15. 洗澡活动的目的是(　　)。

A. 清除污垢　　B. 消灭脏污

C. 清除卫生死角　　D. 以上都是

三、问答题(共40分,每题10分)

1. 简述"洗澡活动"。

2. 列举5项本班组存在的7S问题点,并给出合理的改善建议。

3. 对于不能离岗的班组长,怎样在生产过程中对下属进行7S考核?

4. 论述班组长在7S推行中的责任以及如何与推行组织协作。

（三）普通员工7S知识技能参考测试题

普通员工7S知识技能测试题(模板)

姓名：________ 部门：________ 得分：________ 日期：________

一、填空题(共16分,每题2分。将正确答案填在横线上)

7S的内容包括__________、__________、__________、__________、__________、__________、__________。

__________是维护整理、整顿、清扫的结果。

经过__________活动以后,应该做到车间地面没有垃圾、杂物,车间设备干净如新。

通道的区域线一般用__________表示;半成品的区域线一般用__________表示。

红牌作战的对象包括__________、__________、__________、__________、__________、__________等。

洗澡活动的主要对象是______________。

将工作现场打扫干净属于7S中的__________范畴;处理掉不需要的物品属于7S中的__________范畴;各种零件、夹具和材料等随意摆放属于7S中的__________问题。

在7S推行中,作业员的职责是____________________。

二、选择题(共30分,每题2分。选出一个或多个合适的答案,将其代号填入括号内)

1. 根据“要”与“不要”的区分标准,下列哪项应该清除出掘进工作面?（　　）

A. 连采机　　B. 支架

C. 锚杆机　　D. 破碎机

2. 下列哪项应当用四角定位线进行定位?（　　）

A. 硐室　　B. 作业区

C. 机器设备　　D. 控制台

3. 下列哪些应当用虎纹线进行标识?（　　）

A. 危险区域　　B. 配电柜

C. 垃圾桶　　D. 回风口

4. 作业面破损的工具被贴上红牌以后,应当(　　)。

A. 扔到工具箱里

B. 视而不见

C. 立即修理,确实无法再利用的予以变卖或作废弃处理

D. 收置于仓库内

5. 公司哪些地方需要整理、整顿?（　　）

A. 仓库　　B. 工作现场

C. 办公室　　D. 公司每个地方

6. 定位法则是指(　　)。

A. 点集中　　B. 线垂直/平行

C. 面居中　　D. 以上都是

7. 洗澡活动的目的是(　　)。

A. 清除污垢　　B. 消灭脏污

C. 清除卫生死角　　D. 以上都是

8. 现场警示灯中表示正常运转状态的是(　　)。

A. 绿灯　　B. 黄灯

C. 蓝灯　　D. 红灯

9. 整顿工作的目的是(　　)。

A. 使工作场所一目了然　　B. 营造整齐的工作环境

C. 缩短寻找物品的时间　　D. 清除过多的积压物品

10. 7S推行应该做到(　　)。

A. 坚持半年

B. 见效果就停止

C. 坚持两年

D. 成为日常工作的一部分,持之以恒

11. 在清洁工作中,应该(　　)。

A. 清除工作中不要的物品

B. 将物品按规定的位置摆放

C. 在公司范围内进行大清扫

D. 将整理、整顿、清扫制度化

12. 7S推行手段包括(　　)。

A. 定点摄影　　B. 红牌作战

C. 目视管理　　D. 洗澡活动

13. 对待7S应有的态度是(　　)。

A. 随便应付就行

B. 事不关己,高高挂起

C. 看别人怎样做就怎样做,随大流

D. 积极参与

14. 7S的推行目的是要做到(　　)。

A. 人人有素养　　B. 生产效率高

C. 工作环境好　　D. 地、物干净

三、判断题(共20分,每题2分。对下列各命题进行判断,正确的划√,错误的划×)

1. 7S就是大扫除。　(　　)

2. 开展7S活动是管理人员的事情,与我无关。　(　　)

3. 7S应该成为日常工作的一部分。　(　　)

4. 7S管理只是一个短期活动,在生产时间允许的情况下搞搞就行了。　(　　)

5. 7S一旦开始实施,就不能中途停止。　(　　)

6. 用完后物品应该放到规定摆放的地点。 ( )
7. 7S 有助于提高生产效率。 ( )
8. 7S 要求全员参与,从我做起,养成良好的工作习惯。 ( )
9. 大家都清楚生产现场的物料放在哪里,不作标识也没关系。 ( )
10. 7S 主要以提升人的品质为最终目的。 ( )

四、问答题(共 30 分,每题 10 分)

1. 为本公司的 7S 宣传工作提供 5 条宣传标语或口号。

2. 简述现场整理的步骤。

3. 你认为公司该如何推行 7S 活动?

第四章　7S管理工具手段

第一节　定 点 摄 影

一、概念

所谓定点摄影，就是在同一地点、同一方向，将企业不符合7S规定之处拍摄下来并张贴在大家都看得到的地方，然后将改善后的效果也拍摄下来公布，两相对比使大家了解改善的成果。

定点摄影主要包含以下内容：

(1) 将实施7S前的情形与实施7S后的状况进行定点摄影。

(2) 制作海报，将照片展示出来，使大家都能看到改善情形并相互比较。

二、定点摄影的作用

(1) 定点摄影的照片可以作为各部门揭露问题和自我反省的材料。

(2) 改善前的现场照片能促使各个部门尽快采取解决措施，而改善后的现场照片能让员工获得成就感与满足感，形成进一步改善的动力。

三、定点摄影照片的运用

在定点摄影图表(表4-1)上的第一阶段(通常安排四个阶段)记下拍摄日期，贴上照片，记入评分。评分从低到高依次为1分、2分、3分、4分、5分。建议栏的填写较随意，可以由上级填写建议，也可作为对员工的要求等。

四、定点摄影注意事项

(1) 拍摄前必须征得被拍摄者的同意。

(2) 拍摄时,拍摄者应尽量站在同一位置,面向同一方向。如果要变焦,应使用同一焦距。

(3) 照片上要印上日期,定点拍摄的前后两张照片的不同点只是照片反映的改善前后的状况和拍摄的日期。

表 4-1 定点摄影图表

阶段	照片	摄影日期	评分	建议
7S推行初期	办公室		3	

第二节 定置管理

一、概念

定置管理是企业在工作现场活动中研究人、物、场所三者关系,科学地将物品放在场所(空间)的特定位置的一门管理科学。

二、定置管理目的

使工作现场整体布局合理,资源利用合理,提高工作效率,力争在安全、质量、进度、效益方面实现共进 。

三、定置管理的实施步骤

定置管理的实施步骤见图 4-1。

(一) 研究现场

组织者通过对现场进行研究,确定一个合理有效的方法,使定置管理实现科学化、规范

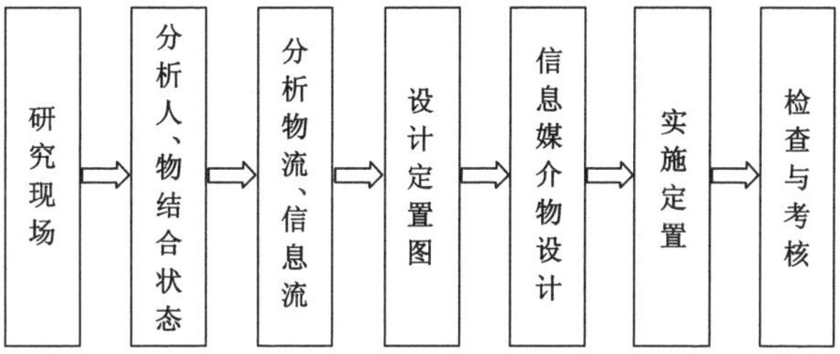

图 4-1　定置管理的实施步骤

化和标准化。

（二）分析人、物结合状态

在工作场所中，A 状态是良好状态，B 状态是改善状态，C 状态是需要彻底改造的状态，D 状态是废弃状态。定置管理的原则是提倡 A 状态，改造 B 状态，清除 C 状态，以达到提高工作效率和工作质量的目的。人、物结合状态见表 4-2。

表 4-2　人、物结合状态

代号	结合状态名称	含义
A	紧密结合状态	正待使用或使用完的工器具
B	松弛结合状态	暂存于生产现场，不能马上进行使用的工器具
C	相对固定状态	非操作对象，如设备、工艺装备、生产中用到的辅助材料等
D	废弃状态	各种废弃物品，如废料、废油脂、铁屑、垃圾及与生产无关的物品

1. 分析物流、信息流

通过对物流和信息流的分析，员工要不断掌握物件的变化规律和信息的连续性，并对不符合标准的物流、信息流进行改正。

2. 设计定置图

定置图类型见表 4-3。

表 4-3　定置图类型

车间定置图	要求图形醒目、清晰，且易于修改、便于管理，应将图放大，做成彩色图板，悬挂在车间的醒目处
区域定置图	即车间的某一工段、班组或工序的定置图，可将定置图张贴在班组园地中
办公室定置图	做成定置图示板，悬挂于办公室的醒目处
库房定置图	做成定置图示板，悬挂在库房醒目处
工具箱定置图	绘成定置蓝图，贴在工具箱盖内
办公桌定置图	统一绘制蓝图，贴于办公桌上
文件资料柜定置图	统一绘制蓝图，贴于资料柜内

定置图设计步骤见图 4-2。

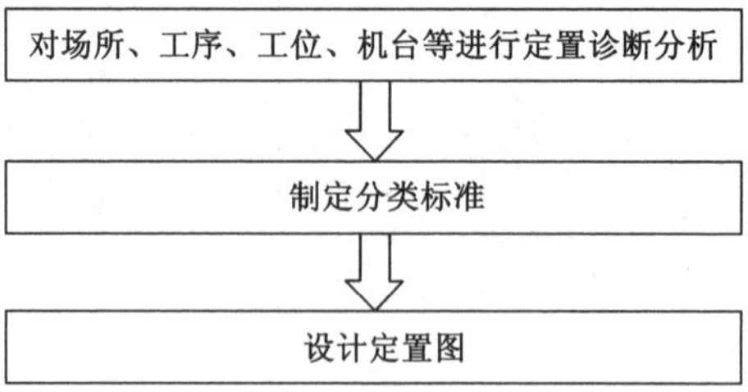

图 4-2　定置图设计步骤

3. 信息媒介物设计

(1) 信息符号

在设计信息符号时，如有国家规定（如安全、环保、搬运、消防和交通等）应直接采用国家标准。对于其他符号，企业可根据行业特点、产品特点和生产特点进行设计，设计符号应简明、形象、美观。

(2) 定置示意图

定置示意图是现场定置情况的综合信息标志，它是定置图的艺术表现和反映。

(3) 标志牌

标志牌是指示定置物所处状态、标志区域、指示定置类型的标志，包括建筑物标牌，货架、货柜标牌，原材料、在制品、成品标牌等。

（三）实施定置

实施定置是定置管理工作的重点，包括以下三个步骤。

(1) 清除与现场无关的物品。制定判断物品要与不要的标准，现场中凡出现与工作无关的物品，员工都要清除干净。

(2) 按定置图实施定置。各车间、部门应按照定置图的要求，将生产现场的设备、器具等物品进行分类、搬、转、调整并予以定位。定置物要与定置图相符，位置要正确，摆放要整齐，要有储存器具。

(3) 放置标准信息牌。放置标准信息牌时要做到牌、物、图相符，由专人管理，无关人员不得随意挪动，放置标准信息牌时要以醒目和不妨碍生产操作为原则。

（四）检查与考核

1. 检查与考核方式

定置管理的检查与考核一般分为以下两种情况：

(1) 定置后开展验收检查，检查不合格的不予通过，必须重新定置，直到合格为止。

(2) 企业定期对定置管理进行检查与考核。这是一项需要长期开展的工作，它比定置后的验收检查工作更为复杂和重要。

2. 定置考核的指标

定置考核的基本指标是定置率，它表明生产现场中必须定置的物品已经实现定置的程度。

四、定置管理实施要点

(1) 一定要按统一标准制作定置图,并尽可能按生产组织划分定置区域。

(2) 在推行定置管理时,物品的摆放、区域的划分等都需要使用各种信息符号来表示,以达到直观的目的。

(3) 对于那些易燃、易爆品,要实行特别定置。

(4) 对于有储存期限要求的物品,在库存报表上要有关于时间期限的特定信号或标志,库存账本上应有序号和物品目录,注意保证账物相符。

(5) 检查现场定置图,用不同的颜色区分不同的区域。

第三节　目视化管理

一、概念

目视化管理是利用形象直观而又颜色鲜明的各种视觉感知信息来组织现场生产活动,达到提高劳动生产率的一种管理手段。具有以下基本特点:

(1) 以视觉信号显示为基本手段,大家都能够看得见。

(2) 要坚持公开化、透明化的基本原则,尽可能地使管理者的要求和意图让大家看得见,借以推动自主管理。

(3) 现场的作业人员可以通过目视的方式将自己的建议、成果、感想展示出来,以便员工们进行相互交流。

(4) 目视管理是一种以公开化和视觉显示为特征的管理方式,也可称为看得见的管理,或一目了然的管理,这种管理的方式可以贯穿于煤炭企业管理的各个领域。

二、相关要求

(1) 要按生产的实际需要进行,讲求实效,不搞花架子,不搞形式的东西。

(2) 要严格统一标准,不搞五花八门的东西。

(3) 要做到简单明了,一看就懂,便于执行。

(4) 要做到醒目清楚,设置在大家看得到的地方。

(5) 在实施时注意节俭办事,不要形成新的浪费。

(6) 要严格执行,严格遵守,违反管理规定的要严肃对待、严肃处置,决不可流于形式,要加强目视管理的权威性。

三、目视化管理计划编制

要想让目视管理发挥效力，就要把它应用到实际中，目视管理实施计划编制就显得尤为重要。

（一）实施计划的编制步骤

（1）确定实施目视管理对象。

（2）设计制作目视管理所需工具。

（3）确定目视管理运用规则。

（二）对象的确定

1. 按管理对象来选定项目

一般可以按以下四个方面进行分类：

（1）改进目标的管理（各作业现场的业务管理）。

（2）进度管理（工作进度和完工期的管理）。

（3）日程管理（各作业现场的人员管理）。

（4）技能管理（提高员工技能的管理）。

在实施目视管理的各个不同场合，要根据上述不同的业务范围来决定实施对象，而每一个类别又可根据不同的实际情况再次进行分类，比如：

（1）改进目标的管理包括生产效率的管理、担负任务的管理、目标实现率的管理、降低库存管理和降低不合格品的管理等。

（2）进度管理包括交货期管理、进度管理、达标管理、定购管理和设备运行管理等。

（3）日程管理包括个人出勤管理、个人出差管理和岗位管理等。

（4）技能管理包括生产员工的多能化管理、技术人员的多能化管理、管理人员的多能化管理和岗位定期轮换管理等。

2. 管理单位的确定

所谓的管理单位是指管理的范围，通常可以根据选定的目标来确定如下管理单位：全体员工、车间、部门、个人。

四、工具的设计和制作

（一）选择工具的方法

选定了工作项目后，就要考虑使用什么工具才能达到目标，最基本的方法有以下几个：

（1）美观大方的工具，如使用好看的文字、线条、颜色等。

（2）容易使用的工具。

（3）谁都明白的工具。

（二）设计制作工具的程序

（1）组织计划的设计。
（2）工具的选定。
（3）工具大小的确定。
（4）设计使用守则。

（三）使用守则的设计原则

设计应遵守5W2H的原则，具体可参考以下几点进行设计：什么目的，谁来进行，进行的时间和周期，需开展哪些项目，使用哪几种颜色，可以使用哪些信息，计算时要达到什么程度，对问题如何进行商讨，发生的异常要一目了然，责任人是谁，如何持续进行这项工作等。

（四）设置场所的确定

场所的设置对目视管理来说是很重要的，要求工作人员无论在现场的任何地方都能够看到。确定设置场所要遵循以下几个原则：
（1）放置在什么位置大家都能看见，而且一看就能明白。
（2）容易进行增删或修改。
（3）不妨碍日常的工作。
（4）搬运容易。
（5）注意外形的美观。

（五）确定持续实施目视化管理的方法

如何确保目视管理能够持续长久地进行下去，也是人们在设计时考虑的一个重要内容，应该注意以下几点：
（1）决定的事情就必须严格遵守。
（2）决定的周期就应该如期进行。
（3）制作检查表，用于检查。

五、目视化管理的作用

（1）迅速快捷地传递信息。
（2）形象直观地将潜在问题和浪费现象都显现出来。目视管理依据人类的生理特征，充分利用信号灯、标识牌、符号颜色等方式来发出视觉信号，鲜明准确地刺激人的神经末梢，快速地传递信息，形象直观地将潜在问题和浪费现象都显现出来。
（3）客观、公正、透明化。有利于统一识别，可以提高士气，让全体员工上下一心去完成工作。
（4）促进企业文化建立形成。目视管理，通过展示员工合理化建议、优秀事迹、先进表彰、公开讨论栏、关怀温情专栏、企业宗旨方向、远景规划等各种健康向上的内容，能使所有员工形成凝聚力和向心力，这些都是建立优秀煤炭企业文化的良好开端。

第四节　危险预知训练(KYT)

一、定义

KYT全称为危险预知训练，具体含义是：K——危险(Kiken)，Y——预知(Yochi)，T——训练(Training)，是针对生产特点和作业全过程，以危险因素为对象，以作业班组为团队开展的一项安全教育和训练活动，它是一种群众性的“自主管理”活动。

二、作用

通过全员参与全面分析作业中的危险因素，提高员工危险预知和防范能力，控制作业过程中的危险，预测和预防可能出现的事故。

KYT活动最大的特点就是通过一个具体的作业实例，从作业人员、作业工具、作业环境、作业步骤等方面展开，全面分析作业过程中存在的危险因素。它依靠全体作业人员共同进行危险点辨识及制定防范措施来保证作业安全。它是作业人员对作业现场的重新认识，是对安全认知能力再提高的过程，它能让员工真正领会“追求安全是人的本能，创造安全更需要人的技能”的深刻含义。

KYT活动是一种全新的安全培训形式，是对原有危险辨识的有益补充，是提升员工安全素养，从“要我安全”转变为“我要安全”，进而发展到“我会安全”的有效途径，是创造“不安全不工作”的安全环境和创建本质安全型企业的有效手段。

三、基本方法

以班组或作业小组为团队，选定某个作业图片或工作中的某个作业情景，主持人介绍内容，大家一起分析，找出最危险的潜在危险行为或危险因素，制定最可行的对策措施，并进行整改落实。

四、实施要点——4R训练法

4R是KYT过程中的4个环节，4R训练法是KYT活动的一项基本训练方法，是KYT活动的基础表现手段。

1．实施内容(表4-4)

表4-4　4R训练法实施内容

4R含义		分析点	实施点	活动内容
1R	把握现状	存在什么潜在危险	基本是现场现物	1．从清点出来的典型作业中选定训练内容，召集班组人员实施检查、介绍训练内容。 2．结合具体作业步骤，每人发言。 3．把可能出现的危险因素及危险后果列出5～7个。 4．小组一般5～7人，每人至少提一条
2R	追求根本	哪种危险是最主要的	不遗漏任何危险部位	1．每人指出1～2条最危险因素，画出一个“○”。 2．问题集中、重点化，最后形成大家公认的最危险因素(合并为1～2个项目)，并画“◎”。 3．写出集中化的1～2项最危险因素，表述为：“……原因，导致发生……的危险”
3R	确立对策	如果是你怎样做	可实施的具体的对策	1．想对策，每人提出对策措施。 2．根据最危险因素，每人提出1～2条具体可行的对策措施。 3．把同类对策合并为最可行的1～2项措施
4R	设定目标	我们应当怎样做	共同确认	1．想出对策，每人设一行动目标：要是我怎样做。 2．合并为1～2项(带“双圆”标记的项目是重点实施项目)。 3．设定团队行动目标。 4．将目标编成朗朗上口的作业口诀。 5．主持人带领大家口述口诀两遍，共同确认，加深记忆
总结/评价				主持人就本次KYT活动情况进行讲评，提出改进意见

2．注意事项

(1) 同样的事，不同的人会有不同的看法，4R需要依靠集体的力量，互相启发，这样才能共同提高，所以主持人要充分发挥组织和引导作用，充分调动每一个人发言的积极性，防止活动变成主持人的“独角戏”。

(2) 每个人要多发言、讲真话，不能放过任何一个哪怕是微不足道的危险因素，不能有怕说错了被嘲笑的想法。

(3) 要多采用与作业内容相关的图画以加深员工印象。

(4) 同一作业，识别结果不求一致，重点在1R。

(5) 对出现的危险要多问几个为什么，挖掘最根本的危险要素。

(6) 流程正确(必须严格按照4R要求进行训练)；过程清楚(每个步骤必须要达到所要求的目的，要抓住重点)；表格填写规范、正确。

(7) 危险因素要做具体的、肯定的描述；对策措施要有针对性、可操作性。

(8) 行动目标要重点突出、简练，要结合本岗位性质、作业特点进行设定，不能千篇一律。口诀要朗朗上口。

(9) 对策措施必须落实,防止活动流于形式。

五、实施步骤

KYT活动实施分为试点期、展开期、自主管理期三个阶段,从基础训练开始,逐步深入展开,具体步骤见表4-5。

表4-5 KYT活动实施阶段

阶段	活动	目的	方式	内容
试点期	KYT基础训练	掌握KY基本方法,培养危险识别能力	危险点照片的情景分析	1. 制订活动计划 2. 试点班组培训 3. 4R联系展开 4. 试点班组改善 5. 试点班组总结
展开期	KYT定期训练	掌握KY基本方法,挖掘作业场所危险源	自己作业场所的分析	1. 种子队员培训 2. 班组内部培训 3. 危险预知挖掘 4. 危险信息共享
自主管理期	作业前KY	掌握KY基本方法,作业分析/确认	设备保全/危险作业前的分析	1. 安全巡视 2. 危险预知活动 3. 手指口述活动 4. 危险预知诊断

(一) KYT试点期

以4R基础练习为重点,培养具有展示力、影响力的标杆班组,起到示范作用。

1. 实施步骤

(1) 制订活动计划。公司要从筹备、培训、实施、跟踪、指导、总结、交流等方面制订活动计划。班组要先进行典型作业文件清点、劳动保护用品清点、危险源清点,然后针对典型的危险作业制订具体实施计划。

(2) 试点班组培训。每个部门选定1~2个安全基础素质(组员安全生理、心理、品德、知识与技能)较好的班组进行培训。

(3) 4R练习展开。利用4R训练法开展危险预知训练,从最基础的做起,逐步深入作业岗位。

(4) 试点班组改善。重点进行现场安全隐患的改善、作业标准化的建立、班组安全文化建设的开展。

(5) 试点班组总结。试点班组总结经验,召开试点班组安全活动发表会,将可展现的成果看板化,便于员工学习及推广。

2. 注意事项

(1) 活动计划要全面具体，具有可操作性。

(2) 试点班组的选择非常关键，对示范效果影响很大，要选择安全基础好、团结协作、积极进步的班组。

(3) 重点要熟练掌握4R训练方法。

(4) 注意做好改善前后的影像资料收集工作，便于改善成果的展示和推广。

(二) KYT展开期

1. 实施步骤

(1) 种子队员培训。对班组长进行KYT培训。

(2) 班组内部培训。班组内部培训和训练重点从典型作业转向常规作业，找出常规作业存在的潜在危险，由全员一起确认，提高每个人的感受度。

(3) 危险预知挖掘。从虚惊事件中寻找危险因素，从安全经验中寻找危险因素，从事故通报中寻找危险因素，从生产现场中寻找危险因素。

(4) 危险信息共享。对具有代表性和普遍性的危险，要在一定范围内达到信息共享，吸取经验教训，避免类似事件重复发生。主要包括其他企业的重要安全文件学习、本企业的事故通报、班组的虚惊安全事件记录等内容。

2. 注意事项

(1) 重点在于危险预知的深入训练和危险因素的深层挖掘。

(2) 危险预知事项应举一反三，杜绝同类的危险重复出现，KYT活动深度与广度不断加强。

(3) 班组覆盖率、班组典型作业完成率、员工参与率达到100%。

(4) 危险因素对策措施定期汇总，作为企业危险点预控措施的补充。

(三) KYT自主管理期

实施以KY为基点，以班组长为核心，全员参加的安全自主管理活动。

1. 实施步骤

(1) 安全巡视。班组长在工作时间内对作业中的班组成员的健康状况、设备设施及工器具的安全使用状况、作业行为、作业环境、劳保用品穿戴等安全工作状况进行定期巡视和确认，并及时消除安全隐患，预防事故发生。

(2) 危险预知活动。经过危险预知的深入训练，在训练活动对作业文件全部覆盖及员工对4R训练方法熟练掌握后，在作业前进行KY。对经常重复的典型作业、虚惊事件、重大安全通报涉及的作业要反复进行危险预知训练。

(3) 手指口述活动。这是一种通过心想、眼看、手指、口述需确认的安全关键部位，实现集中注意力、正确操作的安全确认方法。

(4) 危险预知诊断。以明确和统一的尺度，衡量和评价班组KYT等安全改善活动所处的进程，挖掘可以改进的潜力，树立安全标杆班组，引导和推动班组安全自主管理能力的提升。

2. 注意事项

(1) 安全巡视由班组长亲自进行,防止活动流于形式。

(2) KYT活动要与风险评估有机结合起来进行作业前KY。

(3) 手指口述活动要与KYT活动结合起来进行,以这些活动作为载体才能落地生根。

第五节 油漆作战

一、概念

油漆作战是根据作业区、通道、休息室、仓库等场所的不同功能,刷上不同颜色的油漆,对现场进行颜色管理的一种可视化管理手段。

二、油漆作战步骤

具体步骤见图4-3。

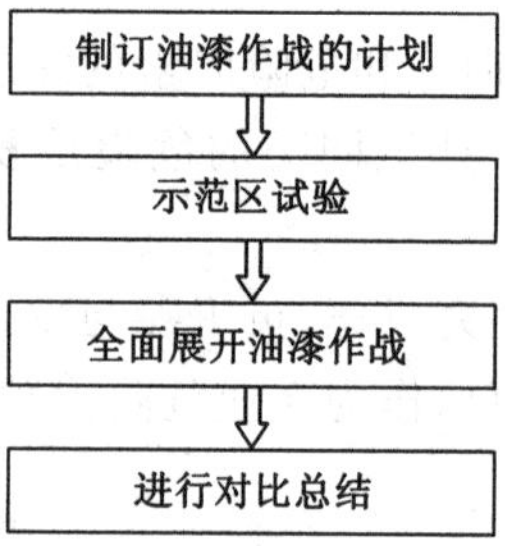

图4-3 油漆作战步骤

三、油漆作战的具体做法

1. 选择地板颜色

根据不同用途,利用颜色区分地板。作业区可运用作业方便的颜色,休闲区则要用舒适、让人放松的颜色,具体的地板颜色参照表4-6。

表4-6 地板颜色

场所	颜色
作业区	绿色
通道	橘色或荧光色

表 4-6(续)

场所	颜色
休闲区	蓝色
仓库	灰色

2. 画线

(1) 既可以使用油漆,也可以用有色胶带或压力板"画线";

(2) 从通道和作业区开始画线;

(3) 决定右侧通行或左侧通行(最好与交通规则相同,即右侧通行);

(4) 表示出入口的线应采用虚线;

(5) 需注意之处或危险区域可画老虎标记。

画线原则是黄线不可以踏,区块画线必须是实线,画线标准见表 4-7。

表 4-7　画线标准

区分	颜色	宽度	备注
区块画线	黄色	10 厘米	实线
出入口线	黄色		虚线
信道线	黄色		箭头
老虎标记	黄色与黑色		黄与黑的斑点
置物场所线	白色	5 厘米	实线
	白色	5 厘米	脚落线
	白色	3 厘米	虚线
	白色	5 厘米	实线

第六节　红牌作战

一、概念

用红色纸做成7S问题警示单。其中,红色代表警告、危险、不合格或不良。7S问题警示单记录的内容包括责任部门、对存在问题的描述和相应对策、要求完成整改时间、完成时间以及审核人等。

红牌作战是在公司内找到问题点并悬挂红牌,让大家都明白并积极去改善,从而达到整理、整顿的目的。

在红牌作战实施的整个过程中,一般是由办公室人员制作贴牌,而相关部门人员则根据要求进行整改,最后再由办公室人员进行验收和红牌撤销,而每次红牌作战必须注明是第几次红牌作战，由哪个部门发行红牌等。

二、红牌的作用

(1) 必需品和非必需品一目了然，提高每个员工的自觉性和改进意识。
(2) 红牌上有改善期限，一目了然。
(3) 引起责任部门人员注意，及时清除非必需品。

三、红牌作战实施步骤

1. 成立红牌作战小组

红牌作战小组组长由具有决策权的厂长、总经理或董事长担任，成员主要是生产、仓储、技术、品管、营销等部门的负责人。

2. 明确红牌对象

红牌对象见表4-8。

表4-8 红牌对象

设备	机械设备、刀具、模具、台车、栈板、堆高机、作业台、车辆、桌椅、备品
机械	复印机、文书处理机、电脑、传真机
空间	地板、棚架、房间
文书	通知、通告文书、议事录、事务报告书、签呈、报价单、计数资料
库存	原材料、零件、半成品、制品
备品	文件夹、文件盒、橱柜、锁具、资料盒
文具	铅笔、圆珠笔、橡皮、夹子
其他	传票、名片、图书、杂志、报纸、图面、说明书

3. 确立红牌基准

红牌作战的重点是整理，而整理的重点就是确定要与不要的东西，红牌基准见表4-9。

表4-9 红牌基准

项目	要	不要
机器	一周内用得到	一周内用不到
工具	经常要用	偶尔用到
材料	三天内用到	超过三天才用到

4. 制作红牌

红牌是指用红色的纸做成的7S管理问题警示单。其中，红色表示警告、危险、不合格或不良。红牌内容包括责任部门、问题描述、相应对策要求、完成整改时间、实际完成时间以及审核人等。

5. 贴上红牌

红牌作战小组每周到各部门贴一次红牌。

(1) 贴红牌时，须摒弃“所有东西都有用”的观念；

(2) 要先了解红牌作战的对象、基准；

(3) 如有疑问或模棱两可，可先贴上红牌；

(4) 不能由该部门的小组成员在自己部门的物品上贴红牌；

(5) 不能使用黄色标签；

(6) 部门主管如有异议应直接向委员会提出申诉，不可自己撕掉红牌。

6. 红牌评价与处理

(1) 红牌记录。小组成员将贴附的红牌移往红牌集中处后，应予以记录，红牌记录表见表4-10。

表4-10　红牌记录表

责任单位(人)：		编号：	
原因			
建议改善措施			
改善要求			
红牌位置		改善限期	
处理结果： 确认人：			

(2) 红牌作战小组将不良品和不用品作废弃处理，将留滞品移往红牌物品放置处，对边角材料进行判断并对不要的边角材料进行处理。

(3) 如发现设备对改善工作会造成一定的困扰或阻碍，应作废弃处理。

四、红牌作战注意事项

(1) 红牌作战的目的不是处罚，红牌作战小组在实施过程中要向广大员工解释清楚，增强他们的参与感。

(2) 贴红牌的频率不宜过快，应给部门留出一定的整改时间。

(3) 贴红牌时理由要充分，证据要确凿，要说明原因，以便整改。

（4）贴红牌时要区分严重程度，只有是实实在在的问题才可以贴红牌。

（5）贴红牌的对象可以是材料、产品、机器和设备等，但绝不能针对个人。

五、问题点登录及追踪管理

在红牌作战的整个过程中，由 7S 推行委员会牵头贴红牌，相关部门在要求的时间内进行整改，最后由推行办公室验收合格后再将红牌撤销。详细记录第几次红牌作战、红牌原因及跟踪改善的情况等。

第七节　洗 澡 活 动

一、概念

洗澡活动是指在清扫初期阶段，公司全体员工对混乱的作业现场进行大扫除，对年久失修的墙壁、门窗、地板和天花板进行维修和翻新，对油污严重、锈迹斑斑的机器设备进行清洗，使整个生产作业现场焕然一新。

二、实施步骤

1. 确定洗澡活动时间

洗澡活动贯穿整个 7S 活动阶段，特别是清扫活动初期，必须对企业全面进行大清扫、“大洗澡”。

2. 制订洗澡活动计划

（1）确定洗澡活动时间。

（2）依据价值、使用频率确定洗澡活动对象。

（3）参加人员以班组为单位，成立改善小组。

（4）进行区域、任务分工，划分责任区，确定专人负责。

（5）洗澡计划中要明确活动指导人，一般为 7S 活动督导师。

（6）依据洗澡活动对象，选择合适的清扫修缮工具。

3. 明确洗澡活动方法

依据洗澡活动对象的不同选择相应洗澡的方法。一般洗澡活动的方法有三种，洗澡活动方法见表 4-11。

表 4-11　洗澡活动方法

方法	说明	范围
日常清扫活动	每班结束后，操作人员清除作业过程中撒落地面的杂物、擦拭设备油污，保证地面、设备干净整洁	作业台周围的地面、操作台面的杂物和油渍等
定期清扫活动	以班组为单位，每周彻底清扫各自作业区域	地面、长期累积油污设备等
专项清扫活动	必要时，组织现场作业人员，划分小组，对特定区域进行彻底清扫	门窗、玻璃、天花板、墙壁等；变形、油漆剥落、堵塞的设备等

三、实施注意事项

在进行洗澡活动时，应注意以下事项。

1. 重点关注设备的洗澡活动

(1) 对设备展开洗澡活动是工作重点。

(2) 对设备进行洗澡活动时，要仔细检查容易漏气、漏水的部位。

(3) 检查设备上是否有污垢、磨损或不该放置的异物。

(4) 重点检查设备的旋转部分、连接部分和操作部分，在检查中还应确保员工的安全。

(5) 对设备进行洗澡活动时，不仅要清洗设备本身，也要经常清洗其附属设备和出现。

2. 找到“污染源”

在洗澡时不能时只注重表面，忽视产生问题的原因，还应找到污染源，以杜绝问题再次出现。

第八节　寻宝活动

一、概念

寻宝活动是指找出未被及时发现的无用物品或暂时被作业人员藏在某个角落的物品。

二、适用范围

(1) 清除多余物品，提高生产现场使用空间。

(2) 消除卫生死角，彻底让生产现场变整洁。

(3) 清除作业人员个人作业区域多余物品，让作业台整洁有序。

三、实施步骤

（一）确定寻宝对象

要指出的是，并不是每个项目都是“宝”，寻宝对象应符合以下条件：能够实现标准化作业、缩短作业时间、提高工作效率、改善工作环境、消除安全隐患；不易纠正，执行起来较难，多次纠正容易重复再犯；长期存在问题，但未被发现，如闲置设备占用空间、生产区域卫生死角等。

（二）宣传寻宝活动

公司应向员工宣传寻宝活动的意义以及实施规范，宣讲如何开展寻宝活动并利用大量图片展示寻宝活动的效果。

（三）确定寻宝活动的周期

寻宝活动通常以一个月为一个阶段性周期。在开展寻宝活动的过程中，执行人员应充分利用空闲时段，即使工作繁忙，也不应彻底放弃寻宝活动。

（四）制订寻宝活动计划

活动计划是活动持续进行下去的唯一保证。7S推行小组负责制订计划。寻宝活动计划见表4-12。

表4-12　寻宝活动计划

部门/班组　　　　　　　　　　　　日期：　　年　　月　　日

对象	重点问题	处理方法	处理期限	责任人
工作台	是否存在不使用的工具	清除不使用的工具		
	工具是否摆放整齐	定置、有序摆放		
	工作台下方是否堆有杂物	清理杂物		
	私人物品是否定位放置	物品定置		
现场物料存放	物料存放是否定位	定位存放		
	物料是否整齐放置	整齐摆放		
	是否存在无用物料	清除无用物料		
通道	通道上是否有物料堆积	清除障碍		
	通道拐角处是否有杂物	清理杂物		
机器设备	是否存在闲置设备	使用或转移		
	设备上是否放有无用物品	清除		
部门主管审核：		生产副总签字：		

（五）处理宝物

员工要收集清理出的物品，将其统一摆放到指定的场所，同时要做好以下工作。

（1）对处理前的物品或状态进行拍照，以记录物品的现有状态。

（2）对清理出的物品进行分类，并列出清单。清单中应记录物品的出处、数量，并提出处理意见，按程序报相关部门审核批准，“不用物品处理记录表”见表4-13。

表4-13　不用物品处理记录表

部门：　　　　　　　　　　　　　　　　　　　　　　　年　　月　　日

物品名称	规格型号	单位	数量	处理原因	所在部门意见	7S推行委员会意见	备注
……	……	……	……	……	……	……	……

（3）调查物品的出处，员工清理物品前需获得使用部门的确认，物品的处理方式一般有如下五种。

① 对确实无用的物品予以报废。

② 将本部门不需要而其他部门用得上的物品，调拨给需要的部门。

③ 对积压的原材料，尽量与原生产厂家进行协商或退货。

④ 机械设备可进行技术改造、修旧利废，将无使用价值的零部件作为废品出售。

⑤ 对易造成环境污染的不用物品，交有处理资质的单位处理，防止发生环境污染。

（4）进行账面处理。对于无用物品，财务部要做必要的账面处理以备日后账目核对。

（5）总结表彰。活动结束后，组织者要进行必要的总结，按照事先约定的标准，选出优秀的部门和个人，并给予表彰与奖励。

第五章 7S管理实现路径

第一节 怎样实现整理

整理主要是将生产现场、办公场所、库房等区域的设备、资料、物品区分为必需品和非必需品，对必需品进行妥善保管，非必需品进行清除。

一、整理的基本方法

（一）整理的作用

1．消除混放、减少浪费

生产现场的材料、物品、零配件等未经整理，任意摆放，杂乱无章，不仅造成浪费，还会给现场管理带来困难。办公场所的办公用品、物件、桌椅、资料等未经整理，查找困难，造成资源浪费，影响工作效率和工作环境。通过整理可以实现改善工作环境、减少浪费的目的。

2．减少库存、节约资金

库存物品如未及时整理，在库物资不断增多，占用空间，浪费资源，造成企业管理成本不断增加。企业在生产过程中，备品、备件种类多、数量大，通过整理非必需品，可有效减少占用场地，减少库存，节约资金。

3．释放空间、通行顺畅

生产现场、库房等退出的设备配件、材料，拆下的零件、废品等物品，由于摆放不规范，占据空间，通道不畅通，影响企业安全文明生产。通过现场整理，保留必需品，将非必需品清除，使生产现场更加整洁规范。

（二）主要措施

1. 现场检查

在实施整理前，应对生产现场、办公区域、检修工具间、库房、室外等区域开展检查诊断工作。

（1）生产现场。主要检查设备、材料、工器具、地面、环境等。

（2）办公区域。主要检查办公设施、办公用品、地面等。

（3）检修工具间。主要检查设备、工具、个人物品、地面等。

（4）库房。主要检查设备、物料、地面等。

对以上各处进行全面检查，不留死角，为区分必需品与非必需品创造条件。

2. 必需品和非必需品的区分

（1）必需品。必需品是指常规使用的物品，若缺少必须有替代品，否则将影响正常工作，包括以下内容。

① 正常使用的设备，设施、装置等。

② 使用中的叉车、装载机、工作台、工作梯等。

③ 有使用价值的消耗用品。

④ 有用的原材料、配品、配件等。

⑤ 使用中的办公用品、用具等。

⑥ 使用中的橱窗、看板等。

⑦ 有用的图纸、文件、资料、记录、杂志等。

⑧ 使用的仪器、仪表、工具等。

⑨ 使用的私人物品。

（2）非必需品。非必需品一般分为两类：一类是指对生产、工作无任何作用的或不具有使用功能的物品；另一类是长时间用不上的物品，包括以下内容。

① 地面的废纸、杂物、油污、灰尘等。

② 无法使用的破抹布、拖把等。

③ 损坏的工具，如钻头、砂轮片、刃具、锯条等。

④ 损坏的垃圾桶、包装箱、指示牌、看板等。

⑤ 过期的文件、杂志、刊物等。

⑥ 无法修复的设备、仪器、仪表等。

⑦ 变质的物品、报废的零部件等。

⑧ 多余的办公设备，如桌椅、电脑等。

⑨ 长期未使用的设备、设施等。

⑩ 已停用的设备、淘汰的物品等。

（3）清理非必需品时，主要看物品有无可利用价值，通过改造能否重新利用，而不是看原有价值。

（4）非必需品判断原则。一是本岗位、工作现场是否有用；二是近期是否有用；三是是否完好可用；四是是否超过近期使用量。

3. 非必需品的处理

一般来说，非必需品的处理方法有以下几种。

(1) 入库保管。对于使用次数少、使用频率低的专用设备、设施、工具、材料，主要处理方法是入库保管。

(2) 转移使用。对于本车间、本办公室不使用，但是其他车间、办公室可以用到的设备设施、工具、材料，主要处理办法是转移到有用的场所使用。

(3) 修复利用。对于有故障的设备、损坏的工具、材料，安排专业技术人员进行修复、修理，使其恢复使用价值。

(4) 改作他用。将材料、设备、零部件等非必需品进行改造，修旧利废，用于其他设备或项目上，使其发挥最大作用。

(5) 联系退货。由于设计变更、规格变更、设备更新等原因，致使一些设备、技术无法安装使用的，企业应及时和供应商联系，协商退、换货，将企业的损失降到最低。

(6) 折价出售。该物品对企业没有任何使用价值，可根据情况进行折价出售，以便回收资金。

(7) 特别处理。对于一些涉及保密的物品(如专利技术、资料等)、污染环境的物品(如电池、化学物品等)，需要根据其性质做特别处理。

(8) 丢弃。对丧失使用价值，且无法修复利用的物品，过期、变质的物品，主要处理方法是丢弃。

(9) 报废处理。对于彻底无利用价值，又无法发挥其功能的物品，履行报废处置手续，回收处理。

4. 定期循环整理

针对现场工作变化，定期开展现场的整理工作，不断持续改进，及时清除非必需品。不搞突击形式、走过场，把整理工作体现在日常工作上，将日常整理与定期循环整理相结合，形成常态化管理。

(1) 日整理。要求各区域的责任人下班前五分钟，对非必需品及时处理，养成良好的工作习惯，从源头上进行整理。

(2) 周整理。每周对物品进行全面的整理归类，清理出非必需品，保证可用性。

(3) 月整理。每月对生产现场、库房工具间、办公室等整理。根据使用规律和工作性质的变化，将现场的非必需品全面清理。

二、整理的实现

煤炭企业各个工作区域千差万别，其整理工作有其不同的特点，本书仅以采煤工作面、掘进工作面、选煤生产区、物资仓储区、办公区、后勤区等区域为例，讲述整理的内容与方法。

(一) 采煤工作面的整理

1. 整理的内容和方法

采煤工作面的整理主要包括以下几个方面：工作中产生的废物、边角料，当天产生当天处理；需要修理的设备、工器具撤离现场，存放到指定位置并及时升井；对各个工种责任区进行标识，清除责任区内的废弃物，不留浮煤。采煤工作面整理的内容与方法见表5-1。

表 5-1　采煤工作面整理的内容和方法

内容	方法
工作面设备列车	整理电缆、胶管，吊挂整齐
液压支架	清除责任区内不需要的废弃物，清理浮煤
采煤机	保持煤机上、电缆槽上无浮煤、浮矸等杂物
刮板输送机	机头出煤挡板和机体挡煤板要及时清理，保证输煤正常，不撒煤
巷道	人行道、材料道、工作面清理干净，无杂物、无积水
损坏物品	整理损坏的单体、顶梁、水平销等，损坏的要及时升井、维修

2. 主要措施

采煤工作面 7S 管理中“整理”必需品与非必需品，必须结合煤矿安全质量标准化、作业规程制度等工作内容一起进行，在 7S 管理通用“整理”中特别加强以下三个方面工作。

(1) 推广执行现场交接班制度，现场交接班制度指“交接班、面对面、手拉手、你不来、我不走”。即交接班人员填写验收卡，交换交接班牌，双方签字。交接班卡记录现场安全、质量、文明卫生不合格情况，明确现场动态管理责任划分，对不执行交接班制度的岗位员工予以处罚。

(2) 增加技术资料整理内容，即对煤矿各类作业规程、安全技术措施、施工方案、操作规程等技术资料进行定期检查并归档存放。

(3) 整理的同时要追根溯源，查出问题的根源所在，彻底解决问题。

3. 整理的效果

某煤矿采煤工作面整理前后的电缆管线，如图 5-1 所示。

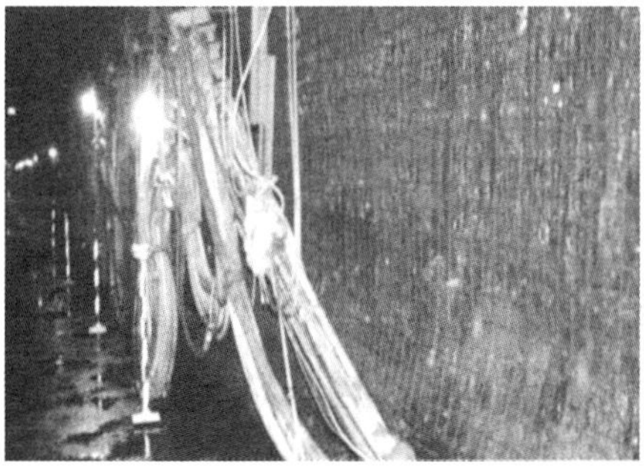

(a) 单轨吊管线整理前

(b) 单轨吊管线整理后

图 5-1　井下管线整理前后现场图

（二）掘进工作面的整理

1. 整理的内容和方法

掘进工作面的整理主要包括掘进巷道、连采机、综掘机、支护材料、设备备品备件及工器具等的管理，应当按照要求区分必需品和非必需品的原则，存放到指定位置或及时升井，保持掘进工作面现场整洁有序。掘进工作面整理的内容与方法见表5-2。

表5-2　掘进工作面整理的内容和方法

内容	方法
巷道	巷道无淤泥、无积水、无杂物，保持整洁干净
管路	破损废旧或多余管路及时回收或升井
电缆	废旧或多余电缆及时回收
安全设施	安全设施齐全完好，多余物品及时回收
硐室	硐室内淤泥、积水、杂物及时清理
机电设备	废旧、损坏的机电设备及时回收
物料	巷道多余支护材料或废旧材料及时回收
备品备件	备品备件数量达到安全库存

2. 注意事项

（1）整理工作常态化，定期区分必需品和非必需品。

（2）整理出的非必需品进行小改小革、修旧利废，做到物尽其用。

3. 整理效果

掘进工作面的整理前后的效果对比，如图5-2所示。

（三）选煤生产区的整理

1. 整理的内容和方法

（1）选煤生产区的整理要区分必需品和非必需品，选煤车间必需品主要包括选煤机、沉降离心机等洗选机器，有使用价值的消耗品、备品备件等，非必需品主要包括地面上的杂物、损坏的工器具及无法修复的仪器、仪表等。

（2）对非必需品进行处理，对于使用次数少、使用频率低的专用设备设施、工具、材料入库保管；尽可能将非必需品进行改造，修旧利废；对于彻底无法使用、无法发挥其使用价值的物品，履行报废处置手续进行处置。

（3）选煤车间整理的内容与方法见表5-3。

(a) 物料架整理前

(b) 物料架整理后

(c) 工具架整理前

(d) 工具架整理后

图 5-2　物料架、工具架整理前后对比

表 5-3　选煤车间整理的内容和方法

内容	方法
选煤机等洗选设备	及时检修，出现故障、损坏及时处理修复
管道、溜槽	更换破损的管道及溜槽，增设管道溜槽缓冲装置，加装维修平台
控制箱、检修电源箱	对电源线、控制线分类集束，悬挂电缆标识牌，更换老化裸露电缆和控制线
电缆	电缆使用电缆桥架布线，并将线路整理
仪器仪表	超过检验日期的及时校验，损坏、故障及时更换和修复
消防器材	消防器材重新整理，将损坏、缺失、故障的器材及时处理，过期、数量不全的要及时更换补充
照明设施	将损坏、缺失、不全的照明及时补齐

2. 整理效果

选煤车间整理前后的效果对比，如图 5-3 所示。

(四) 物资仓储区的整理

1. 整理内容和方法

必需品要按使用周期、次数、频率分类摆放。非必需品按使用需求整理，具体整理的内容与方法见表 5-4。

(a) 车间设备整理前　　(b) 车间设备整理后

图 5-3　选煤车间整理前后对比

表 5-4　库房和工具间整理的内容和方法

内容	方法
存放区	保留正常的装置、设备，清除或修理破损严重的装备设备。 保留质量良好的物料、备品备件，清除已变质或破损的装备设备。 装载机、叉车、吊装机等完好，出现故障及时修复。 保留正常使用的工具，清除已损坏的工具。 保留有价值的边角料，清除无价值的边角料。 保留信息齐、新、准的看板和各类标识。 修理更换已老化的风扇、窗户、玻璃、窗帘等。 及时更新物资标识卡
办公区	清除破旧桌椅。 清除旧报纸、无用报表、记录。 清除抽屉内的杂物。 清除置于柜顶、窗台的杂物。 清除地面杂物

2. 关键措施

(1) 整理工作应常态化，定期区分必需品和非必需品，检查确认后将不用物品清除。

(2) 遵循先“分开”后“处理”的原则，分开是将要用的和不要的东西分开，过期的和未过期的东西分开，好的和坏的东西分开，经常用的和不常用的东西分开，在分开的过程中不需要考虑处理，待分开后再考虑如何处理。

(3) 日常作业结束后，应做到“工完料尽场地清”，要随时清理残留的物料，严格按照工作计划领料开展工作，工作剩余材料及时退库，以避免非必需品的产生。

3. 整理的效果

物资库房整理前后效果对比如图 5-4 所示。

(a) 库房通道整理前

(b) 库房通道整理后

(c) 货架整理前

(d) 货架整理后

图 5-4　库房整理前后对比

（五）办公区的整理

1. 整理内容和方法

文件是办公区整理的重点，要求办公用品分类摆放，及时清理出无用、过期、破损的文件，需要的物品应按定位分类存放。办公区域整理内容与方法见表 5-5。

表 5-5　办公区整理内容和方法

内容	方法
会议室	墙壁、地面、桌面上的各类装饰及时更换。接待、会议用品及时处理
办公区	及时丢弃无用的文件，保持桌面整洁。及时丢弃陈旧的装饰、枯死的花卉
卫生间	及时处理破损的清洁、清扫工具。更换破损的设备、设施。及时清理垃圾
标语	及时替换破损和过期标语
文档、记录	分类存放，确定保存期限，并建立索引目录，以便于查找。 每月按索引确认有无无用的文档和记录，如有应及时清除
合同、协议	依据类别分类录入电脑。按索引确认有无过期合同，并及时处理
技术资料	过期的及时替换
电脑、打印机等电器	无法维修的及时更换。定期保养、维护，延长使用寿命
桌椅、书架、文件柜	无法维修的及时更换。处理过期的书籍、报刊等

2. 整理后的效果

办公区域整理前后效果对比如图5-5所示。

(a) 文件柜整理前　(b) 文件柜整理后

(c) 办公桌整理前　(d) 办公桌整理后

图5-5　办公区域整理前后对比

(六) 后勤区的整理

1. 整理的内容和方法

后勤区域整理的重点是生活区和职工食堂等区域，要及时清理出非必需品，需要的物品均应按“三定”原则分类存放，后勤区域整理内容见表5-6。

表5-6　后勤区域整理内容和方法

区域	方法
生活区	损坏的桌椅、床等设施及时更换并处理。 墙皮、油漆脱落要及时修补
职工餐厅	损坏的用餐桌椅、餐具、炊具等要及时更换并处理。 杂物及时清理
后勤公共区	保持公共设施完好，破损的要及时更换或修理。 垃圾桶、护栏、健身器材、井盖破损或缺失的要及时修理或补齐

2. 注意事项

整理不是扔东西。从后勤区域清理出来的非必需品在本部门无用，但可用于他处，要注意判别，做到物尽其用。

3. 整理效果

职工餐厅整理后效果如图 5-6 所示。

图 5-6 餐厅后厨的整理

第二节 怎样实现整顿

整顿是提高效率、规范流程的主要管理手段，通过将整顿后的必需品放置于任何人都能立即取放的状态，确定责任人，并进行有效的目视化管理，实现科学布局，方便快捷。让企业员工能够很快辨识物品的状态，快速掌握工作流程，并严格按照执行。

一、整顿的基本方法

（一）整顿的作用

1. 分类清晰、提高效率

整顿工作前，物品摆放杂乱，难以找到所需物品，造成时间和空间的浪费，通过整顿能够快速提高工作效率。

2. 点检定位、优化操作

对点检位置、点检线路、仪表指示范围等采用目视化管理，可提高点检工作效率和准确性，降低点检或操作失误的可能性。

3. 形迹定置、交接顺畅

通过整顿后，物品整齐摆放，形迹化管理，工器具、办公用品应定置摆放。当物品缺失时，能及时发现，规范物品的管理。

4. 规范流程、保障安全

规范工作流程，创建良好的工作秩序，让企业员工能够快速掌握工作的要求和做法，辨别安全区域与危险区域，有效地保障作业安全。

5. 目视图解、利于培训

生产现场的工作流程采用目视化管理，如正压式呼吸器的佩戴方法用图示表示，仪表的指示范围用颜色标识等，易于新员工理解和记忆，减少培训时间，提高培训效率。

（二）主要措施

1. 现状分析

根据区域的功能定位来进行现状分析。一是考虑硬件是否满足需要，例如是否需要增加货架、文件夹等硬件设施；二是从安全、取放快捷的角度考虑是否需要进行布局调整；三是从便于维持、方便使用的角度考虑，确定物品的放置方式；四是分析如何快速拿到所需的工具，从类别、规格、功能等方面考虑，必须要有合理的放置方式，对工具进行定置和标识管理。

2. 物品分类

以工具间为例，根据工具各自的特征，可以按其材质、特点、用途、放置方式等划分，便于布局的设计。

（1）制定物品分类标准。

（2）将物品按照用途、功能、形状、重量、大小、数量、使用频率分类摆放。

（3）物品分类后，应标识清晰名称、用途、型号规格等。

3. 标识制作

标识在人与物、物与场所的关系中起着指导、控制、确认的作用。在生产中使用的物品种类繁多，规格复杂。因此，在现场管理中，做好现场标识非常关键。

（1）区域标识。现场采用不同色的油漆、胶带、地砖或栏杆划分区域。

（2）物品标识。现场物品应定置摆放，对危险物品应做好隔离措施，明确物品分类。常规物品应上架放置，明确物品状态，包括物品标识、库存量、规格、型号和责任人。

4. 责任落实

整顿是一项持续推行与改进的现场管理工作，必须统一领导。根据部门实际情况，将现场区域进行区分，落实责任人，各责任人根据划分项目，做好常态化整顿工作，制定好项目配套制度。

二、整顿的实现

煤炭企业各个工作区域千差万别，其整顿工作有其不同的特点，本书仅以采煤工作面、掘进工作面、选煤生产区、物资仓储区、办公区、后勤区等区域为例，讲述整顿的内容与方法。

（一）采煤工作面的整顿

1. 整顿的内容和方法

采煤工作面的整顿主要包括以下内容：煤机、设备列车、工具、材料等正确归位，摆放有序；设置作业区定置看板，明确工作分工及职责要求，便于管理；操作台定置管理，清除作业场所非必需品，腾出空间；物品定位，避免误操作发生；工具形迹管理，对作业中所需工具进行定置摆放，按照方便取用原则，根据现场实际制定相应定置方式。采煤工作面整顿的具体内容和方法见表5-7。

表5-7　采煤工作面整顿内容和方法

内　容	方　法
设备列车	工具归位正确、摆放有序，泵站处电缆管线吊挂整齐美观
液压支架	液压支柱和顶棚等按要求放置并进行编号
采煤机	煤机应停放在顶板牢固可靠、不易片帮的位置，并做好防止片帮的措施
刮板输送机	机头喷雾洒水装置完整齐全，做到开机开水，关机关水，保证洒水正常
巷道	巷道内设备、工具归分类摆放，并做标识

2. 注意事项

（1）加强对采煤工作面技术资料“整顿”。对重要岗位（如：泵站司机、刮板机司机、煤机司机等）的相关资料（泵站运行记录、刮板机运行记录、煤机行程记录等）进行“整顿”，确保各项记录数据清晰、齐全、准确。

（2）对工作面所有岗位、巷道、管路悬挂标识牌，达到目视化管理的目的，重点针对采煤工作面按照安全质量标准化要求，实现动态达标管理。

3. 整顿后的效果

（1）管道。管道刷漆颜色应参照《煤炭企业7S管理技术规范》执行，若为不锈钢管或PVC管应在管道外标识色环，如图5-7所示。

（2）工具。采煤工作面工具应上架管理，分类摆放整齐，定位清晰，标识准确，如图5-8所示。

（二）掘进工作面的整顿

1. 整顿内容和方法

掘进工作面的整顿内容和方法如表5-8所示。

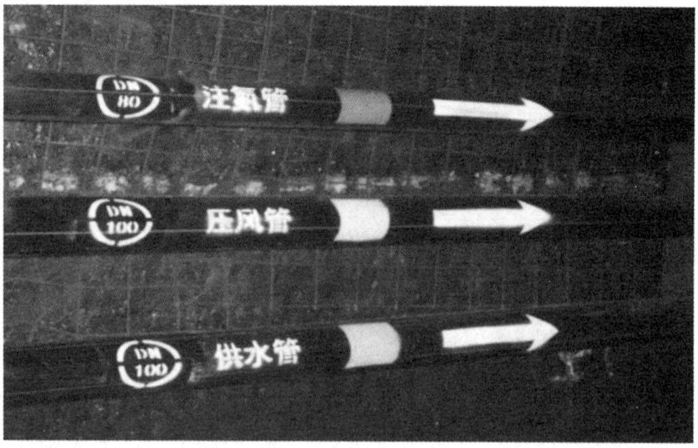

图5-7　采煤工作面管道内径、名称、介质流向及颜色

图5-8　采煤工作面工具墙实例

表5-8　掘进工作面整顿内容和方法

内容	方法
设备	综掘机、胶带运输机等设备设点检看板、点检标识;设备仪表目视化管理
管路	吊挂平直,表面干净,颜色分明,标明名称、管径、流向;阀门有开关标识
电缆	巷道电缆吊挂平直,表面干净;电缆有标志牌
物料	支护物料分类集中,定置摆放,码放整齐有序,取用便捷,部分物料摆放形迹化管理,物料库存数量有明显安全库存标识
工器具	工器具形迹化管理,达到取用便捷、目视化效果良好
备品备件	备品备件形迹化管理,有安全库存标识
消防器材	消防器材齐全有效,并进行形迹化管理
技术资料	文件资料形迹化管理

2. 整顿效果

掘进工作面整顿必须务实，通过整顿，增加形迹化管理，达到提高效率的目的。如图5-9所示。

(a) 工具箱整顿前

(b) 工具箱整顿后

(c) 消防器材整顿前

(d) 消防器材整顿后

图 5-9　工具箱、消防器材整顿前后对比

（三）选煤生产区的整顿

1. 整顿内容和方法

选煤生产区“整顿”包括以下内容：地面区域线的划分；厂区内悬挂警示标识牌、安全牌板、设备布置牌板、逃生路线牌板等；增设防护栏、防护罩、防护网；增加设备点检标识等。选煤生产区整顿具体内容和方法如表 5-9 所示。

表 5-9　选煤生产区整顿的内容和方法

内容	方法
设备	增加点检标识及点检看板，设备基础增加警示标识
管道	增加管道名称及流向标识
楼梯、过桥	安装警示标识牌，楼梯第一级和最后一级台阶刷黄色反光漆，其他台阶刷中灰色油漆。高度差在 300 mm 时，应设置黄黑相间防绊线。高度低于 1.8 m 平台，设置碰头线
溜槽观察口	观察口标识，四周设置安全警示标识
电缆	电缆悬挂名称指向标识牌

2. 整顿措施

（1）将整理出的工器具、备品备件、材料等必需品进行“三定”管理（定点、定类、定量）分类放置，确定责任人，并进行目视化管理。

（2）物品分类后，对空间合理布局，制作物品摆放定制图，明确物品摆放位置，便于取用。

（3）制作主要设备巡检、点检看板，包括点检标识、明确点检路线、点检点、点检标准等内容。

（4）对技术资料进行整顿，特别是对重要岗位（如：综掘机司机、检修电工等）应具备的相关资料进行整顿，确保各项记录数据清晰、齐全、准确。

（5）特殊物品、危险品应设置专用场所保管。

3. 注意事项

（1）选煤机、离心机等设备增加点检标识和点检看板。

（2）管道类增加管道名称和介质流向标识。

（3）电缆悬挂名称指向标识牌。

4. 整顿的效果

选煤生产区通过整顿，取得了显著成效，例如选煤车间料桶整顿前后变化明显，如图5-10所示。

(a) 料桶整顿前　　(b) 料桶整顿后

图 5-10　料桶整顿前后对比

（四）物资仓储区的整顿

1. 整顿的内容和方法

物资仓储区的整顿主要包括区域划分、货架管理、工器具管理、化学药瓶管理等内容。仓储区整顿的具体内容和方法见表 5-10。

2. 整顿效果

仓储区域通过整顿，效果如图 5-11 所示。

表 5-10　库房的整顿内容和方法

内容	方法
库房	① 库房、工具间地面不随意堆放物资，地面设置通道，通道上不堆放物品，保持畅通。 ② 库房区域划分应清晰明确，验收区域物资分类存放，并在一览表上做好记录，验收合格后立即上架
货架管理	① 根据仓库区域进行货架摆放，悬挂制作物资存放的平面布置图。 ② 货架应有明确标识牌，与平面布置图对应，编号及各层类别清晰，物品标识整齐准确。 ③ 物资分类摆放整齐，四码定位准确清晰，物品标识整齐、准确，无遗漏
工器具	① 工具间应将同类型工具按尺寸等规则分类摆放，放置于立即可拿取的位置。 ② 货架和工器具应有明确标识，标识含名称、规格、数量；必要的工具和物资有安全库存、产品有效期限等

(a) 货架整顿前　(b) 货架整顿后

(c) 库房通道畅通图　(d) 工器具标识

图 5-11　库房货物整顿效果

(五) 办公区域的整顿

1. 整顿的内容和方法

办公区域的整顿主要包括物品定置、档案文件整顿、办公流程规范化、电子文档的整顿，办公区整顿的具体内容和方法见表 5-11。

表5-11 办公区整顿的内容和方法

内容	方法
整体环境	① 整体布局合理,物品定置清晰,办公环境温馨舒适。 ② 办公室大门开关到位,地面有明确的门迹标识。 ③ 根据办公室布置情况,制作俯视平面图
办公桌面	① 桌面允许摆放物品:显示器、鼠标、键盘、电话、岗位牌、水杯、台历、笔筒、文件夹。 ② 桌面可适当摆放盆栽和装饰品,但不宜超过两件。 ③ 桌面物品定位摆放,同区域内定位标识相统一
橱柜抽屉	① 个人物品与办公用品需区分开。 ② 橱柜抽屉分类标识清楚,责任人明确。 ③ 个人抽屉内应做好区域划分,并做好标识
办公用品	办公用品、印章等需采用形迹定位,并做好标识,可及时发现办公用品,方便寻找、交接
电源线缆	① 各种线缆集束不散乱,布置需横平竖直,必要时可以考虑重新布线。 ② 电源线缆两端应标识明确,便于查找用电对象,防止误操作
文件	① 清理多余的文件,将文件分类装入文件盒并编号。 ② 文件盒上需要明确部门、责任人、日期。 ③ 多于三个文件盒,摆放时需要形迹线标识,便于文件盒缺失或错位时及时发现。 ④ 文件盒内需做好目录,文件盒内文件需加上小标签,方便查找

2. 注意事项

(1) 将整理出的办公用品、文件、设施必需品进行“三定”管理(定点、定类、定量)分类放置,并进行目视化管理。

(2) 办公区域采取合理布局、各区域必须标识,制定规范流程。

3. 整顿效果

办公区整顿前后效果如图5-12。

(六) 后勤区域的整顿

1. 整顿的内容和方法

后勤区整顿的重点是食堂、厨房、食堂货品等区域的整顿,后勤区域整顿方法见表5-12。

2. 注意事项

(1) 在彻底完成整理的基础上进行整顿。

(2) 整顿时做好布局规划。

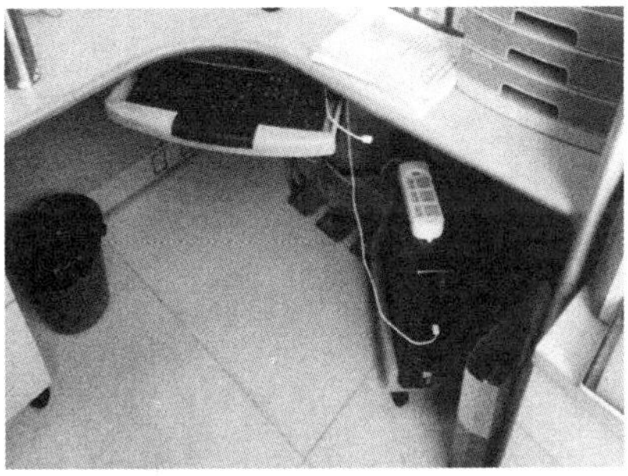

(a) 办公电脑电线整顿前

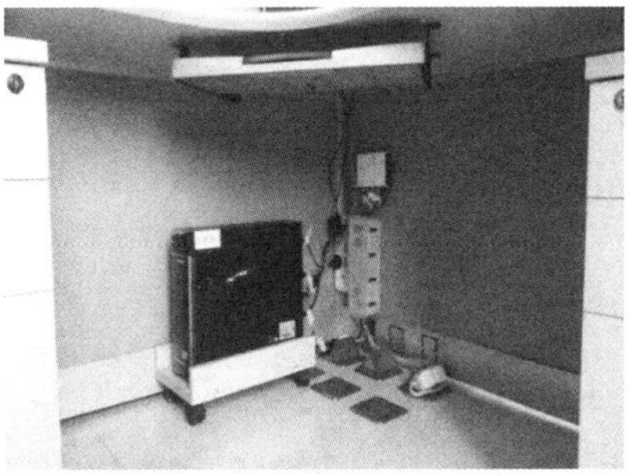

(b) 办公电脑电线整顿后

(c) 整顿后文件盒迹线及编码

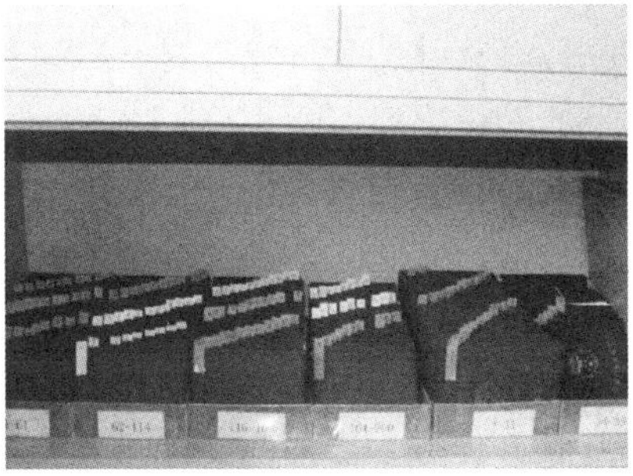

(d) 整顿后的文件标签

图 5-12　整顿后的办公区域效果

表 5-12　后勤区域整顿内容和方法表

后勤区域	内容
食堂	1. 整体布局合理,定位清晰,桌椅摆放整齐。 2. 用餐区与工作区划分标识明确
厨房	1. 厨房工作台应分类标识清楚,责任人明确,厨房用具清洗消毒后立即归位。 2. 切菜板、刀具、备餐台生熟食分类明确,标识清楚。 3. 仓库货品不得与地面直接接触,储存货架应设置存货卡
宿舍	1. 宿舍物品按个人物品进行分类摆放,必要时进行标识区分。 2. 被褥叠放整齐,定置摆放。 3. 照明开关标识区分
澡堂	1. 更衣柜摆放整齐,并有责任人、部门(区队)名称标识。 2. 设置防滑、防烫伤警示标识。 3. 用水醒目位置设置“节约用水”标识

第三节　怎样实现清扫

清扫是清除生产现场、设备及办公区域的脏污,保持环境的干净整洁,防止设备故障的发生，确保物品、设备处于随时可用的状态。

一、清扫的基本方法

（一）清扫的作用

（1）保持现场干净整洁，创造无尘环境。员工在脏污的环境中工作，既影响心情，又无法提高效率，也影响人身和设备安全；反之，如在整洁明亮的环境中工作，心情就会变得舒畅，不但提高了工作效率，而且人身和设备的安全也得到保障。

（2）清扫就是点检。通过清扫把污垢、积灰、积粉、油迹等污染物清除掉，磨损、瑕疵、漏油、漏水、松动、裂纹、变形等设备缺陷就会暴露出来。通过耳听（设备运转时是否存在异常声响）、眼看（设备运转时的压力表、温度表指针是否在正常范围内）、手摸（设备运转时本体和轴承是否存在发热、振动现象），在清扫中可及时发现设备异常，采取相应措施消除缺陷，避免设备故障发生。

（3）清扫可以去除设备的脏污，保持设备洁净和处于良好状态。促进设备定期维护工作；清扫可及时发现设备润滑油脂的多少并进行补充，强化设备保养工作；清扫可保持设备无渗漏、无积灰、无油污、无杂物，提升设备“四保持”水平。

（3）清扫就是消缺。在清扫过程中，对发现的设备异常进行处理，对微小缺陷如脏污、缺油等立即进行处理；对存在停机、倒换、停用等缺陷的设备，按设备消缺流程进行处理。

（二）主要措施

1. 准备工作

（1）技术准备。制定相关清扫标准，明确清扫对象、方法、要点、程度、周期、使用工具、责任者等项目，保证清扫质量，推行清扫工作标准化。明确清扫部位，指出清扫要点，使清扫人员掌握设备的清扫要点，避免设备不安全因素的发生。

（2）确定清扫对象和责任人。清扫可分为环境清扫和设备清扫。环境清扫对象为环境和环境附属物（门窗、墙壁、楼梯、绿化、货架、桌柜、公用设施）；设备清扫包括对现场设备和附属设施的清扫。对于环境的清扫，需要进行区域划分，实行区域责任制，责任直接到人。将企业各区域的清扫划分至各部门；工具间库房和办公区由所在部门、班组确定清扫责任人；设备清扫按照设备分工管理标准，划分到部门各班组，再由各班组划分至个人，严格按照清扫分工编制清扫分工表。

（3）准备清扫工具。拖把、扫帚、抹布等清扫工具悬挂定位，定点存放，标识明确。对扫帚、抹布等进行数量管理，保持干净整洁。清扫的对象不同，使用的清扫方法、清扫工具也不同，可针对不易清扫的死角和难点开发专用清扫工具。

2. 清除垃圾、灰尘

准备工作就绪后，就进入清扫的实施阶段。清扫首先是消除设备、环境表面的灰尘、垃圾。对设备的清扫，应由作业人员自己动手，不可由清洁工代替。要明确清扫的项目、频率，确保不增加员工劳动强度，确保清扫能彻底执行；要根据污染源状况、设备保养要点确定清扫频率;对环境的清扫,可以按清扫范围、难易程度确定清扫频率;环境清扫要注意将地板、墙壁、天花板、灯罩的内部外部打扫干净。实施清扫时,可以分时段分重点地清除长年堆积的灰尘、污垢,不留死角。

3. 发现问题(清扫点检)

在清除设备、环境设施表面的脏污后,能够发现设备、设施存在的隐患和问题。清扫过程就是点检过程,找出问题点并进行改善;边清扫,边检查设备、设施状况,把清扫与点检结合起来;容易发生跑、冒、滴、漏的部位要重点检查确认。

4. 解决问题

清扫的目的是解决问题,也就是加强对设备、设施的维护保养。主要内容包括:

(1) 设备、设施如有破损时需及时进行整修;

(2) 紧固松动的螺栓,补上缺失的螺丝、螺母等配件;

(3) 更换老化或破损的水管、气管、油管,清理堵塞的管道等;

(4) 更换绝缘后已老化或破损的导线,更换或维修难以读数、读数不准的仪表;

(5) 对需要防锈保护或需要润滑的转动部分,按照维护保养标准及时加油保养。

5. 根除污染源(跑、冒、滴、漏)

若源头问题没有解决,即使每天进行清扫,也无法根除灰尘、油渍和碎屑等问题。要彻底解决问题,必须查明污染的发生源,予以彻底根除。

二、清扫的实现

煤炭企业各个工作区域千差万别,其清扫工作有其不同的特点,本书仅以采煤工作面、掘进工作面、选煤生产区、物资仓储区、办公区、后勤区等区域为例,讲述清扫的内容与方法。

(一) 采煤工作面的清扫

1. 清扫内容和方法

采煤工作面的清扫主要对象是采煤机、设备列车、液压支柱、电缆、管路等设备设施。要求必须科学划分作业现场责任区,建立卫生清扫责任制,落实到现场具体责任人。采煤工作面清扫的具体内容和方法见表5-13。

表5-13　采煤工作面清扫的内容和方法

区域	方法
设备列车	操持设备列车卫生,主要设备安设点检看板,做好日常点检工作
液压支架	清理支架内浮煤和矸石,设备安设点检看板,做好日常点检工作
采煤机	清理煤机上,电缆槽上浮煤,安设点检看板,做好日常点检工作
巷道	保持巷道内设备及周围环境卫生,无杂物、无积水、无积尘
刮板输送机	机头前后5 m内无浮煤杂物,大块一律处理完毕,电机、齿箱、开关上无浮煤、杂物等,设备安设点检看板,做好日常点检工作

2. 主要措施

清扫工作重点引入对设备内部检查环节，包括设备故障隐患检查、失爆检查、完好检查、紧固性检查、润滑检查、预防性检修等内容。

（1）清扫过程中对污染原因和危害性进行统计分析，依据污染发生源的影响程度、治理难度来确定治理方式，根除污染源。

（2）按照点检点开展巡查工作。采煤工作面设立设备目视化点检指引看板，如图5-13所示，内容包括点检作业指导书、点检标准、点检定位图。

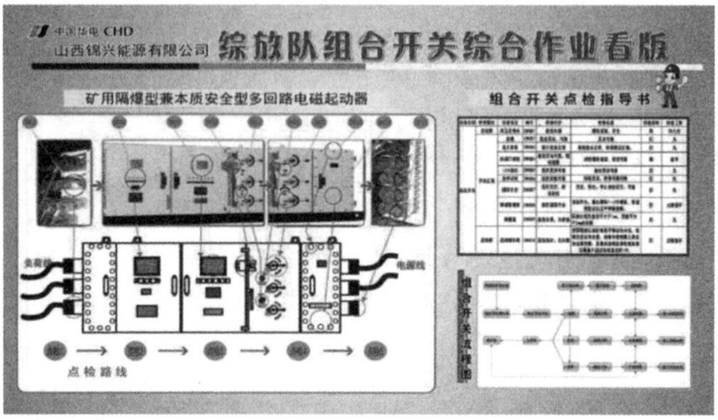

图5-13 设备点检看板示例

（二）掘进工作面的清扫

1. 清扫的内容和方法

掘进工作面的清扫主要对象包括巷道文明卫生，综掘机、硐室、管路、电缆、工器具、物料、备品备件等设备设施。掘进工作面清扫内容和方法如表5-14所示。

表5-14 掘进区的清扫内容和方法

内容	方法
区域环境	巷道无淤泥、无积水、无杂物，巷道保持整洁干净
管路、电缆	管路、电缆吊挂平直，表面干净，无积尘、脏污，管路无跑冒滴漏现象
硐室	巷道硐室内无淤泥、无积水、无杂物
综掘机等设备	表面干净整洁，有点检看板、点检标识；设备无跑冒滴漏现象；设备主要部件紧固程度达标；设备仪表目视化管理
物料、工器具、备品备件	支护材料、工器具、备品备件摆放有序，表面干净整洁，名称、形迹化标识清晰

2. 主要措施

（1）制定清扫点检表，明确清扫项目、点检标准、周期、责任人。

（2）清扫过程做到责任化，责任落实到人，按照清扫点检表执行。

3. 实施效果

通过清扫后电缆、锚杆机表面干净整洁，消除设备隐患，见图5-14。

(a) 电缆清扫前

(b) 电缆清扫后

(c) 锚杆机清扫前

(d) 锚杆机清扫后

图5-14　电缆、锚杆机清扫前后对比

(三) 选煤生产区的清扫

1. 选煤生产区清扫的内容和方法

选煤生产区的清扫主要对象包括电缆、管路、选煤机、离心机等洗选设备。选煤生产区清扫具体内容和方法如表5-15所示。

表5-15　选煤生产区清扫的内容和方法

类别	内容
整体环境	清理地面、墙面、屋顶上的污渍，编制各岗位清扫责任表
设备	清理设备上的煤尘、油渍、水渍，主要设备安设点检看板，并定期点检
管道、阀门	清理管道、阀门上的积灰，保持无油污、无积尘
电缆	清理电缆上的积灰，保持干净，无污渍、无积尘

2. 实施效果

通过清扫洗选设备设施，彻底了改善车间环境，如图5-15所示。

(a) 旋流器组清扫前　　(b) 旋流器组清扫后

图 5-15　清扫前的旋流器组

（四）物资仓储区的清扫

1. 清扫的内容和方法

物资仓储区清扫的具体内容包括以下方面：

（1）制定库房清扫责任表，库房定置图、库房管理制度；

（2）库房货架标识完整清晰，无积灰，无杂物；

（3）通道无物品、杂物，保持畅通，地面无灰尘、油渍；

（4）标识无积灰，无破损，标识完整；

（5）消防器材无积灰，标识完整；

（6）物品待检区有明确区域和标识；

（7）备品备件入库前，应将油污或锈迹清理干净。

2. 清扫效果

物资仓储区清扫效果，如图 5-16 所示。

图 5-16　清扫后的库房

（五）办公区的清扫

1. 清扫的内容和方法

办公区域清扫必须编制清扫责任表和定置图，明确清扫项目，落实责任人，确保办公区域按要求及时清扫。办公区域清扫的具体内容和方法主要包括以下方面：

(1) 线缆集束，横平竖直，有名称标识，标识粘贴完好；

(2) 角落和隐蔽处无灰尘；

(3) 花盆内无杂物，花叶无灰尘，花卉有养护须知；

(4) 电源开关无污渍，明确控制区域；

(5) 看板规范整洁并及时更新，无过期张贴物；

(6) 抽屉保持整齐、清洁，分层分类摆放，整齐洁净；

(7) 清洁用具归位摆放整齐，保持完好可用，使用后及时清理；

(8) 桌面和办公设备干净整洁，无卫生死角，定位标识无损坏。

2. 主要措施

(1) 制定清扫点检表，明确清扫项目、周期、责任人；

(2) 建立清扫标准，及时发现不合格项，提高工作效率；

(3) 清扫过程做到责任化，责任落实到人，按照清扫点检表执行；

(3) 做到常态化，有检查，有监督，有考核。

3. 清扫效果

办公区域清扫效果，如图 5-17 所示。

图 5-17　清扫后的办公室环境

（六）后勤区域的清扫

1. 清扫的内容和方法

(1) 道路清洁无杂物，黄黑相间的标识线清晰、无剥落，道路指向标识清晰明了；

(2) 停车位干净整洁，标识线清晰、无损坏；

(3) 餐厅环境温馨、整洁,无垃圾、无杂物,无蜘蛛网和积尘;
(4) 厨房操作台、货架层干净整洁,无积尘、无杂物;
(5) 切菜板、刀具、备餐台生熟食区分类明确,标识清晰;
(6) 仓库货品不与地面直接接触,放在储存柜内,无积灰。

2. 注意事项

(1) 清扫过程要明确责任;
(2) 开展清扫活动时,应建立清扫基准,及时发现不合格项,提高工作效率;
(3) 清扫是一项基础工作,也是一项长期工作,要实现常态化。

3. 清扫效果

经过清扫,厂区内干净美观,如图 5-18 所示。

图 5-18　某公司清扫干净的场区

第四节　怎样实现清洁

清洁是指维护整理、整顿和清扫的工作成果,将其习惯化、标准化、持久化和制度化的过程。通过清洁,对前 3S 的执行效果进行检查,形成制度化要求,使员工在进行整理、整顿、清扫时有样板可循、有制度可依,规范员工工作习惯,并融入日常管理,最终提升员工素养。

一、清洁的基本方法

(一) 清洁的作用

1. 规范实施过程

由于企业客观条件不同,企业人员主观能动性不同,实施前 3S 的方式方法也多种多样,企业可根据现场实际,制定前 3S 活动过程的规章制度流程,使得 7S 管理改善过程规范,改善标准要求明确，提升 7S 治理效果。

2. 巩固治理成果

维持整理、整顿和清扫后取得的良好成果，需要制定相关的维持制度来规范员工行为。7S 维护制度一般包括“7S 管理保持规定”“库房物品管理规范”“点检制度”等。可以选取已经形成规范的优秀现场，制定相应的标准，规范其他现场的治理成果，如“办公室定置管理规定”等。

3. 促进素养形成

根据已制定的规范和工作要求，对达不到标准的区域进行改善，形成更加安全、统一、规范、整洁的生产现场，提升完善管理制度，统一思想、规范行为和工作程序，最终形成不用制度约束的习惯素养。

（二）主要措施

清洁的实现可以参照如下流程，如图 5-19 所示。

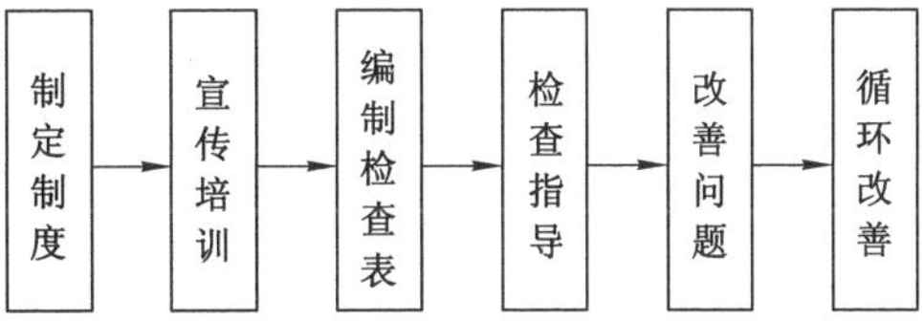

图 5-19　清洁的实现流程图

1. 制定制度

煤炭企业应依据生产现场的不同情况制定相应的规章制度，并结合实际不断完善，以便规范巩固前 3S 的实施效果，并通过看板、宣传画等形式服务于生产。

2. 宣传培训

应当对员工进行宣传教育，让员工熟练掌握规章制度内容。

（1）从上到下的教育宣传，使员工熟练掌握方法和要求。

（2）组织知识竞赛、知识考试，让理论深入人心。

（3）制作形象生动的宣传画，使制度流程目视化。

（4）结合实际制作幻灯片或微电影，让员工增强感性认识。

（5）召开讲课座谈会、经验交流会，分享经验共同进步。

3. 编制检查表

针对企业各个具体现场整理、整顿和清扫不同特点，针对性的制定检查表，确保治理过程符合标准，治理结果严格达标。

4. 检查指导

7S 管理推行办公室、7S 督导师，按照检查表对区域 3S 推行情况进行定期检查，在检查过程中，对发现的问题要根据制度提出整改建议，并及时下达整改单。

5. 改善问题

对于发现的 7S 问题点，应该责成相关责任者尽快整改。整改完成后上报推行办公室进行复查，确认改善状况。如果整改未达标，应该重新进行整改直至达标为止。

6. 循环改善

现场检查、问题改善的最终目的是实现效果的维持和提升。企业应当不断循环进行改善，完善规章制度，细化量化检查项目，提高标准要求，从而不断提升 7S 管理效果。

二、清洁的实现

煤炭企业各个工作区域千差万别，其清洁工作有其不同的特点，本书仅以采煤工作面、掘进工作面、选煤生产区、后勤区等区域为例，讲述实现清洁的内容与方法。

（一）采煤工作面的清洁

1. 清洁考核的内容和方法

采煤工作面的清洁工作主要包括：采煤机、设备、电缆、管路保持完好、整洁，无灰尘、无油污、无垃圾；将整理、整顿、清扫的做法制度化、规范化，并定期检查、考核；定期进行作业现场清洁检查考核，如表 5-16。

表 5-16　采煤工作面 7S 管理检查考核细则

检查项目	序号	标准内容	标准分	扣分	备注
整体要求	1	有必需品、非必需品清单	4		
	2	设备见本色，且无明显掉漆现象	3		
	3	管路颜色符合安全标准色，且无明显掉漆现象	3		
	4	设备、电缆、管路表面无明显积尘	4		
	5	重要制度、操作规程齐全	2		
	6	无明显积水、淤泥、杂物	2		
	7	照明设施完好，符合吊挂标准且吊挂平直	2		
	8	通道保持畅通，无占道作业现象	2		
人员	1	劳保用品佩戴齐全	3		
	2	无“三违”行为，手指口述	10		
	3	基本记录齐全且书写规范	2		
设备	1	设备点检标识完整，坚持点检	5		
	2	转动部位有防护设施及转向标识	3		
	3	无跑、冒、滴、漏现象	6		
	4	开关控制面板清洁，按钮标识清晰，控制对象明确	3		

表 5-16(续)

检查项目	序号	标准内容	标准分	扣分	备注
电缆	1	吊挂平直,托、挂件间距统一	2		
	2	具有走向牌,且走向牌吊挂整齐	2		
	3	吊挂顺序应符合煤矿安全规程规定	1		
管路	1	吊挂平直,挂钩间距统一	2		
	2	阀门开关无锈死、失效现象	6		
	3	介质流向标识明确	2		
物料	1	物料码放整齐、标识齐全、责任人明确	6		
	2	物料储备数量合理,无明显缺失或超量储备现象	3		
	3	工具、备件形迹化管理	3		
安全	1	责任区域无重大危险源,危险区域有安全警示标识	7		
	2	应急通道、安全出口保持畅通,避灾路线标识醒目	4		
	3	消防器材完好齐全,定置摆放,定期检查,醒目位置有使用说明	5		
图板	1	符合7S技术规范及图纸设计、绘制标准且齐全	4		

2. 主要措施

采煤工作面的清洁管理需要特别做到以下三方面:

(1) 采煤工作面的清洁管理要与安全质量标准化考核保持一致,保持文明卫生动态达标;

(2) 增加采煤设备管理制度化检查内容,按照设备分类,分别进行设备日检、周检、月检、季度检、半年检、年检;

(3) 严格执行设备定期检修制度,按照安全质量标准化要求进行定期检修。

(二) 掘进工作面的清洁

1. 清洁考核的内容和方法

煤矿掘进工作面清洁检查考核方法参考"采煤工作面的检查考核细则"执行。

(1) 制定整理、整顿、清扫相关制度,维持现有成果;

(2) 与安全质量标准化相结合,坚持旬检、月验、季度考核制度;

(3) 对整理、整顿、清扫的优秀成果给予正向激励,促使现场成果得以更好地维持固化;

(4) 不断检查发现、追踪落实问题,根据实际情况考核责任单位。

2. 清洁效果

掘进工作面清洁管理的成果巩固,必须有针对性地制定选煤相关规程制度,员工按制度规程作业,养成维护设备的良好习惯,整体素质得到提升。掘进工作面局部通风机的清洁效果见图 5-20,保持清洁效果的相关制度流程见图 5-21。

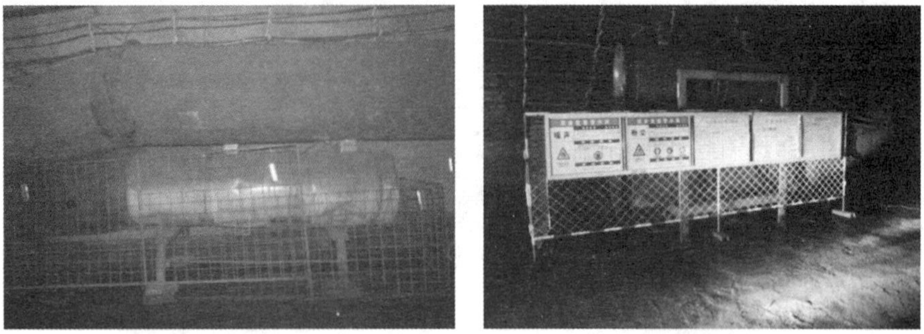

(a) 通风机清扫前　　(b) 通风机清扫后

图5-20　通风机清洁效果

图5-21　局部通风机清洁保持制度规程

（三）选煤生产区的清洁

1. 清洁的内容和方法

选煤车间的清洁主要内容包括：洗选设备、电缆、管路保持清洁，无煤尘、无油污；将整理、整顿、清扫的做法制度化、规范化，并定期检查进行考核；定期进行作业现场清洁检查并考核。选煤生产区清洁方法措施见表5-17。

表5-17　选煤厂清洁方法措施

类别	方法措施
选煤机等洗选设备	保持设备完好，保持干净整洁，设置点检看板定期点检
工具	保持工具完好，保持干净整洁
工人	防护用具齐全，佩戴准确
电缆	保持电缆干净整洁
制度	不断完善制度，保障制度有效执行

2. 清洁的效果。

选煤生产区清洁管理通过定期检查考核，取得效果明显。企业设置设备清洁安全警示牌板，如图5-22所示。

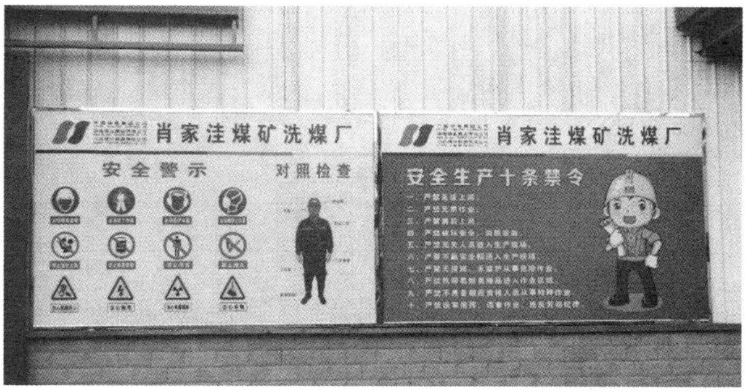

图5-22　安全警示牌板

(四)后勤区域的清洁

1. 清洁内容

企业后勤区域清洁管理对象主要包括食堂、宿舍、公共道路、公共区设施、后勤安保等。

2. 清洁检查方法

后勤区域的清洁检查方法以食堂为例见表5-18。公司进行后勤区域清洁检查时，应邀请一线人员参与，加强公众监督。

表5-18　食堂区域检查表

检查项目	序号	标准内容	标准分	扣分	备注
室内地面	1	地面有高差的地方应有明显防绊提示	2		
	2	地面无破损、坑洼	1		
	3	地面无积水、积灰、油渍	1		
	4	地面无纸张、碎屑及其他杂物	1		
	5	地面无烟蒂、痰迹	1		
墙面	1	墙面无破损、脱落	1		
	2	墙面保持干净，无污渍、无灰尘	1		
	3	墙面无乱涂、乱画、乱贴	1		
	4	墙面无渗水、无脱落	1		
	5	墙面无手脚印，无陈旧标语痕迹	1		

表 5-18(续)

检查项目	序号	标准内容	标准分	扣分	备注
盆栽	1	盆栽需适当位置定位，摆放整齐	1		
	2	有责任人	1		
	3	盆栽周围干净、美观	1		
	4	叶子保持干净，无枯死	1		
	5	盆栽容器本身干净	1		
桌椅	1	餐桌定位摆放	1		
	2	桌面保持干净，无灰尘、杂物	1		
	3	桌面物品定位摆放，不拥挤散乱	1		
	4	人员就餐完后椅子归位，物品归位	1		
就餐设施	1	饮水机、消毒柜、餐车等保持正常状态，有异常时必须做明显标识	2		
	2	保持干净，明确责任人	1		
	3	设施使用有必要的温馨提示	1		
	4	就餐设施有明显定位	1		
门窗	1	门窗玻璃保持干净明亮	1		
	2	窗台上无杂物	1		
	3	门窗、窗帘保持干净	1		
	4	玻璃无乱贴现象	1		
	5	有明显防撞标识	1		
	6	门上有推拉、开关等标识	1		
	7	房间门栏有明显防绊提示	1		
	8	门窗机构完好，无损坏和锈蚀	1		
	9	门禁系统正常，门禁开关有明确提示	1		
天花板	1	保持干净，无脏污	1		
	2	没有无关悬挂物	1		
	3	照明设施完好，灯罩内无积灰和破损	1		
	4	天花板无渗漏	1		
	5	天花板无掉落、掉漆	1		
	6	天花板与墙角无蜘蛛网			
看板	1	墙面应有相应的温馨提示和服务看板	1		
	2	做好版面设置，标题明确	1		
	3	内容充实，及时更新	1		
	4	版面设置美观、大方，无不雅和反动内容	1		
	5	张贴物无破损和脱落情况	1		

表 5-18(续)

检查项目	序号	标准内容	标准分	扣分	备注
环境	1	包房及卫生间空气清新,无异味	1		
	2	无苍蝇、蚊虫等	1		
	3	公共环境无垃圾残余	1		
洗手间	1	地面无积水	1		
	2	各种物品定位摆放,标识明确	1		
	3	洗手间保持卫生清洁,无异味	1		
	4	有清扫点检表,并准确记录	1		
	5	有相应温馨提示	1		
	6	照明设施良好	1		
	7	设施完好,无破损、渗漏	1		
	8	门锁完好	1		
行为规范	1	就餐期间不高声喧哗	1		
	2	文明就餐,无趴、斜等情况	1		
	3	无浪费实物现象	1		
餐具	1	分类摆放,干净卫生	2		
	2	餐具完好,无破损、折断	1		
	3	餐具摆放整齐,有消毒设施	2		
食材	1	熟食和生食分类区分,定位摆放	1		
	2	无变质或过期的食品	2		
清洁用具	1	定位摆放,标识明确	1		
	2	摆放规范,无倾倒、杂乱	1		
	3	无异味、无损坏	1		
	4	垃圾及时倾倒	1		
开关及配电箱	1	开关、控制面板标识清晰,控制对象明确	1		
	2	设备保持干净,定位摆放整齐,无多余物	1		
	3	设备明确责任人,坚持日常点检	1		
	4	应保证处于正常使用状态,非正常使用状态应有明显标识	1		
	5	合理布线,集束整理	1		
	6	配电箱有明确统一的标识牌	1		

表5-18(续)

检查项目	序号	标准内容	标准分	扣分	备注
管线	1	各种管线固定得当	1		
	2	管线整齐,不随意散落地面,无悬挂物	2		
	3	管理布局合理,保持清洁,无灰尘、污垢	1		
	4	废弃管线及时清除,预留的要进行标识	1		
	5	设备与对应的管线应有明确的对应标识	1		
	6	电源线、网线、数据线等应分类和整理	2		
	7	房间内管线应尽量利用线槽、扎带、定位贴等采取隐蔽走线的方式	1		
道具、菜板	1	标识明确,分类对应	2		
	2	刀具、菜板分类摆放,明确品名	1		
	3	有合理的摆放方式	1		
	4	各类刀具、菜板应保持完好、清洁	2		
	5	各类刀具、菜板使用后及时归位	1		
	6	按使用用途区分并标识,比如生熟分类	2		
消防设施	1	摆放位置明显,标识清楚	1		
	2	状态完好,按要求摆放,外观干净整齐	1		
	3	有责任人及定期点检记录	2		
	4	有明确的使用说明	1		
	5	紧急出口标识明确,逃生指示醒目	2		
区域指示	1	食堂内配置正确对应的区域指示	1		
	2	区域指示必须及时更新	2		
	3	区域指示无破损、脱落	1		
	4	区域指示内应有明确的物品说明	1		
节约环保	1	无长流水现象	2		
	2	空调有环保温馨提示,对空调温度有环保要求	2		
	3	下班时关闭电源	2		
楼梯	1	楼梯有明显的防踏空和小心台阶提示	2		
	2	楼梯采用玻璃围栏的应有防撞提示	1		
	3	台阶无脱落、损坏	1		

3. 清洁管理措施

后勤的清洁可以通过每天5分钟或10分钟清洁活动来实现。每天5分钟或10分钟清洁活动,以食堂为例说明,如表5-19。

表 5-19　食堂每天 5/10 分钟清洁

区分		活动措施
五分钟清洁活动	1	上班前检查自己的着装、防护佩戴状况和清洁度
	2	检查和清点各类做饭用的原材料，将坏掉的清理掉
	3	检查厨具台周围地面，清除垃圾、废弃物
	4	检查厨具是否在定置线内，如不是则复位
	5	检查燃气、电、打火设备，并进行维修、校准
	6	检查确认菜谱，避免误操作
十分钟清洁活动	1	实施上述五分钟7S管理活动的所有内容
	2	用餐后认真清洗厨具
	3	及时清理剩饭剩菜
	4	检查设施、厨具
	5	检查并清点剩余做饭原材料
	6	将各类做饭工具复位

第五节　怎样实现素养

素养是7S管理的精髓，通过整理、整顿、清扫、清洁前4S的改善活动，员工能主动遵守规章制度，自觉养成良好习惯，工作意识得到改善，品质素养得到提升，逐步形成具有鲜明特色的企业文化。

一、素养管理的基本方法

（一）素养的作用

1. 改善工作意识

（1）强化安全意识，树立“不安全不工作”的理念。

（2）增强成本意识，树立经济观念、效益观念。

（3）提高效率意识，树立时间观念，讲求工作效率。

2. 养成良好习惯

（1）工作不拖延，做到今日事今日毕。

（2）自觉按照规章制度办事。

（3）保持工作环境干净整洁。

（4）守时，专注自身工作。

（5）不找借口，敢于担当，积极主动完成本职工作。

3. 提升自身素质

(1) 善于总结,勤于思考,不断简化、完善工作流程。

(2) 具有大局意识,为企业着想,为他人着想。积极参与企业管理,为企业献计献策。

(二) 主要措施

素养的形成不是一蹴而就,而是循序渐进,因此推行素养的重点在于全面地、全方位地开展教育培训活动。

1. 制定规范

(1) 让员工参与规范的制定

除政策性规范外,一般性的规定规范,应尽量让员工参与讨论、协商制定。

(2) 规范目视化

将制定的规范目视化,制成图表、标语、看板、卡片,让员工一目了然,不必伤脑筋去判断。目视化看板应选在明显并容易被看到的地方设置。

(3) 规范化保持

认真组织员工开展5分钟7S管理活动,一般包括:

① 整理工作台面,将材料、工具、文件等放回规定位置;

② 确保在工作时间内读取所有电子邮件及OA系统文件;

③ 离开办公室要关闭电源、水源;

④ 对齐工作桌椅并擦拭干净,人离开之前将椅子归位。

2. 开展教育培训

“人造环境,环境育人”,一个充满正能量的工作场所对员工有着潜移默化的影响。尤其是新员工,如同一张白纸,近朱者赤,近墨者黑,及时给予强化教育是非常必要的。让每名员工都知道什么可以做,什么不可以做,明白企业倡导什么,反对什么,将对员工日后的工作产生深远的影响。通过强化教育培训,提升员工的工作热情和责任感。

(1) 岗前培训

岗前培训就是上岗之前的工作培训,是形成素养的重要阶段。从员工入职的那一天起,不论是技术人员、管理人员还是作业人员都必须接受以下培训:

① 学习该岗位所必需的安全专项技能;

② 学习企业的各项规章制度;

③ 学习待人接物的基本礼仪;

④ 熟悉企业环境、作息时间等。

(2) 在岗培训

在岗培训是指为了提高员工工作技能,员工在完成本职工作的同时,接受各种有针对性的培训活动。在岗培训是将员工素养提高到更高层次的重要手段,不仅限于操作技能的提升训练,更应重视日常行为规范的培养。不同岗位的在岗培训侧重点不同,常见的在岗培训内容包括:

① 相同岗位间的信息横向交流、参观、评比,树立先进典型,形成“灯塔效应”;

② 同一位员工在不同工作岗位轮训,培养出一批“一专多能”的综合型人才;

③ 组织外出参观、研修，获取新知识、新方法，开阔视野，提炼总结出适合本企业发展的经验；

④ 利用企业文化建设平台，开展主题活动，如举办主题比赛，开办青年员工论坛等。

(3) 检查素养效果

开展素养活动后，要对活动效果进行检查，主要检查内容包括：

① 日常活动。是否已经成立 7S 管理小组；是否经常开展 7S 管理方面的交流培训；员工是否理解企业开展 7S 管理意义；是否有参与 7S 管理活动的热情。

② 员工行为规范。是否做到举止文明；是否自觉遵守企业的各项规章制度；是否遵守工作时间；是否能友好相处、有效沟通。

③ 服装礼仪。按规定穿着工装上岗，服装整洁，按规定佩戴胸卡。

二、素养管理的实现

煤炭企业各个工作区域千差万别，岗位职工素养管理工作有其不同的特点，本书仅以采煤工作面、掘进工作面、选煤生产区、后勤服务等为例，讲述岗位职工素养管理的方法。

(一) 采煤工作面的素养

1. 素养管理方法

采煤工作面各个工作岗位职工的素养管理主要内容包括：提高员工文明礼貌水准，增强团队意识，养成按规定行事的良好工作习惯，每日坚持 7S 管理活动，达到预期效果。采煤工作面岗位职工素养管理具体方法见表 5-20。

表 5-20　采煤工作面各岗位素养管理方法

主要岗位	素养管理方法
泵站操作工	参与提高技术业务水平和操作技能的学习培训。协作配合、言行文明、注重仪容仪表。不损害、不私拿公共财物。不迟到、不早退、不脱岗
支架工	熟记手指口述内容，不断提高技术业务水平、不断提高安全知识和技能。协作配合、言行文明、注重礼仪和仪表。不迟到、不早退、不脱岗，爱护公共财物
煤机司机	积极参加各种培训，认真学习煤机司机相关知识，熟记本岗位手指口述内容。 协作配合、言行文明、注重礼仪仪表。不迟到、不早退、不脱岗
刮板输送机司机	参与提高技术业务水平和操作技能的学习培训。协作配合、言行文明、注重仪容仪表。熟记手指口述内容，处理问题时必须切断电源，闭锁挂牌。不迟到、不早退、不脱岗
质量验收员	参与提高技术业务水平和操作技能的学习培训和安全培训学习。协作配合、言行文明、注重礼仪和仪表。认真记录验收单，做到记录清晰，客观公正。不迟到、不早退、不脱岗

2. 主要措施

(1) 通过开展班前(后)会、每日一题、每周一案、每月一考、周末大讲堂、导师带徒、技术比武、手指口述等多种方式的活动，加强素养提升。

（2）通过对职工进行日常行为规范培训、理论与实操培训来提高职工的职业素养、理论水平和操作技能，如每周五的安全技能培训活动。如图5-23所示。

图5-23　安全技能活动开展

（二）掘进工作面的素养

1．素养管理方法

掘进工作面的素养主要包括通过整理、整顿、清扫的改善活动，通过开展各类安全知识竞赛、职工培训等活动，增加职工自觉遵守规章制度，按流程作业，做到杜绝“三违”行为，自觉养成良好工作行为习惯。

2．主要措施

（1）制定员工行为规范，开展员工教育宣传活动。

（2）通过开展班前（后）会、每日一题、每周一案、每月一考、周五安全活动日、周末大讲堂、导师带徒、技术比武、手指口述等多种方式的活动。如图5-24所示。

（a）周末大讲堂　　（b）安全事故预想活动

图5-24　班组员工素养提升学习

（3）通过对职工进行日常行为规范培训、理论与实操培训来提高职工的职业素养、理论水平和操作技能。

（4）建立有效的奖罚制度，持续改善维持。

（三）选煤生产区职工素养

选煤生产区各个岗位职工素养管理主要方法见表5-21。

表5-21　选煤生产区岗位职工素养管理方法

岗位	素养管理方法
岗位司机	参与提高技术业务水平和操作技能的学习培训； 熟记手指口述，不断提高技术业务水平、操作技能，不断提高安全知识和技能； 不损害、不私拿公共财物； 不迟到、不早退、不脱岗
集中控制操作工	熟记手指口述内容； 不断提高技术业务水平、操作技能； 协作配合、言行文明、注重仪容仪表； 不迟到、不早退、不脱岗
化验工	积极参加各种培训，认真学习化验相关知识，熟练操作技能； 协作配合、言行文明、注重仪容仪表； 不迟到、不早退、不脱岗
采样工	参与提高技术业务水平和操作技能的学习培训； 协作配合、言行文明、注重仪容仪表； 不迟到、不早退、不脱岗

（四）后勤管理职工素养

后勤管理岗位职工素养管理方法措施见表5-22。

表5-22　后勤区职工素养管理方法

分类	素养管理方法
安全卫生管理	各工作场所均须保持整洁，不得堆放垃圾。 每日至少清扫一次各工作场所内的走道及阶梯。 洗手间、更衣室及其他卫生设施必须保持清洁。 进行特种作业时，需穿防护服装
食堂服务管理	严格遵守公司的一切规章制度。 讲究职业道德。文明服务，态度和蔼，主动热情，礼貌待人。 做到饭热菜香，饭菜定量，食品足量，平等待人。 清洁个人卫生，做到勤洗手，剪指甲，勤换、勤洗工作服。 一切用具均须保持清洁卫生。 不断改善服务和饭菜质量

第六节　怎样实现安全

安全是煤炭企业正常生产的前提。7S 管理安全贯穿于整理、整顿、清扫、清洁、素养的全过程，前 5S 的推行力度和深度决定了 7S 管理的推行质量，有助于企业安全生产水平提升。因此，必须深入开展整理、整顿、清扫、清洁、素养活动，加大设备设施隐患排查和治理力度，加强作业潜在危险的防范能力，提高员工安全意识和技能，使 7S 管理活动更好地服务于安全生产。在 7S 管理工作中，安全的重点关注对象分为三个方面：一是人的安全，二是设备的安全，三是现场环境的安全。即通过安全检查制，落实安全目标管理责任制；通过加强隐患排查和闭环安全管理，建立安全技术管理体系，加强事故分析与预测，抓好安全文化建设，提升人的安全素养，保障作业人员安全；通过采取安全管理目视化、安全环境目视化的方法，保障作业环境安全。

一、安全管理的基本方法

煤炭企业在长期发展过程中已经形成了系统完善的安全管理体系。本书仅列举了 7S 管理活动促进安全管理的一些典型方法，以助于改善现场安全环境，提升人员安全素养，保证安全生产。

（一）安全质量标准化

煤矿安全质量标准化是煤炭行业在几十年质量标准化工作实践基础上，不断创新、逐步发展完善形成的一套行之有效的安全质量管理体系和方法。它突出了安全生产的重要地位，强调安全生产工作的规范化、标准化，以及安全与质量的高度统一性。煤矿安全质量标准化是强化煤矿安全基础工作、保障煤矿生产安全的重要手段。要求煤炭企业自觉贯彻落实国家行业安全生产法律法规和技术标准规范，建立健全包括企业内部安全生产日常管理等在内的每个环节的安全生产工作标准、安全规程和岗位责任制，实现与安全生产相关联的每个岗位管理的标准化和规范化。

（二）安全目视化管理

在生产现场设置各种安全宣传看板、安全操作规程看板、作业看板、安全提示看板等 7S 管理安全目视化设施，可帮助员工在日常工作中提高安全意识、提升安全技能，尤其在紧急情况下能够指导员工安全操作、正确救护。安全目视化设施内容应正确无误、简洁明了、直观易懂、方便查看。

(1) 安全管理。通过各种形式将组织机构、企业安全目标、承诺书、责任状等内容进行目视化，起到时刻强调的作用。

(2) 安全教育。通过安全宣传栏、漫画、事故警示牌、反违章宣传图、安全规程学习牌、安全提示牌和安全标语等形式加强安全教育，起到潜移默化的作用。

(3) 安全提示。在进入生产区域通道处设置进入该区域的安全提示看板,对进入人员着装等安全要求进行提示,在设备及工作场设置相应的警示线示警。

(4) 安全作业。作业地点放置操作流程和安全注意事项等看板,规范员工操作行为,提示安全注意事项。

(5) 紧急联络。在井下现场关键位置,设立固定电话和紧急联系电话看板;地面生产区域明显位置设置紧急联系电话看板;同时配备无线对讲机,便于紧急情况下进行联系。

(6) 紧急救护。在现场明显位置摆放紧急救护图,当发生人身伤害事故时,提示抢救人员正确救助,在控制室和重要生产现场放置紧急救护箱。

(7) 紧急避险与逃生。在井下巷道各个节点、生产区域,间隔一定距离放置"安全出口"、避水、避火等避险逃生标识。

(8) 危险源与职业健康。在危险源的附近设置警示牌、检测牌,使员工时刻保持警惕,并对噪声、粉尘、一氧化碳、硫化氢等有毒气体等定期进行检测,做好职业病的预防工作。

(9) 验电标识。用于标示验电的具体部位。

(10) 设备责任制。生产设备落实责任制,放置责任牌内容包括:设备名称、型号、进厂时间、责任人、设备状态、检查时间等。

(11) 辅助可移动设施。生产现场内辅助设施和工具分类摆放整齐、标识清晰。

(12) 安全工器具。工器具、安全防护用品需定置摆放或形迹化管理,定置点对应有名称、编号、有效期。

(13) 消防器材。在灭火器箱、灭火器、沙箱底部用红色进行定位,并用黑色字体对品种和型号进行标注。

(三) 安全检查

安全检查是指安全管理人员通过查找作业现场存在的人的不安全行为及物的不安全状态,及时落实整改,达到纠正不安全行为,消除不安全状态的目的。

1. 安全检查与设备点检的区别

安全检查的对象是作业人员的行为和作业环境,执行的标准是安全工作的相关法律、法规和安全工作规程。安全检查对人的不安全行为和物的不安全状况负监督责任,是一种抽查性质的监督责任制。设备点检的对象是设备本身,执行的标准是点检定修的相关制度。点检员是设备的使用者,设备点检是一种全方位、全过程、全时间的保证责任制。二者都是在落实责任制,安全检查是监督责任制,设备点检是保证责任制。

2. 安全检查内容

人的不安全行为检查内容主要包括检查特种作业人员资格、个体防护用品的穿戴情况、按章作业情况、特种设备及工器具的安全使用情况、安全措施的落实情况、安全教育培训及安全活动的开展情况等。物的不安全状态检查内容主要包括设备设施的安全状况、工器具是否存在缺陷、作业现场是否符合安全要求等。

3. 安全检查方法

(1) 定人。按照区域、设备、设施、人员素质要求明确责任人,并定期进行轮换检查,可有效排查出安全隐患的盲区、盲点。

(2) 定时间。按照相关安全规章制度要求明确安全检查时间,安全检查时间可分为定期和不定期。对所辖区域、工艺、工序、建筑物、安全措施的落实以及问题整改等情况进行定期点检;对节假日前检查、季节性检查、特种设备安全检查、安全重点部位检查等安全专项检查活动进行定期点检;对人的不安全行为的安全检查,采取定期检查和不定期抽查。

(3) 定点。科学分析危险源、危险点、事故多发点、作业集中点、安全重点部位、检修施工现场、特种设备等易引发安全事故的关键点,确定安全的点检点以及点检项目和内容。

(4) 定路线。进行安全检查前,先结合点检点制定最短的点检路线图,可避免走弯路,提高点检效率,有效防止漏检。

(5) 定标准。按照安全设备设施相关规定,确定安全设备设施的点检标准,并设置在点检点处,便于点检人员按照标准进行点检。

(6) 定方法。根据不同设备设施和不同点检要求,明确安全检查的具体方法。

4. 安全检查要求

(1) 根据实际情况及相关制度,在充分考虑人、机、料、法、环等各种因素的前提下,制定相应的安全检查表。

(2) 安全检查人员根据点检表及点检标准进行点检,对点检情况进行汇总分析,并形成相应的记录。

(3) 安全检查人员必须按照点检标准进行点检,避免谎检、漏检。

(4) 对检查中发现的问题,要认真做好整改工作,整改要做到定人、定时间、定措施,并复查确认,闭环整改。

(5) 对暂时整改不了的安全隐患,要及时逐级汇报,并及时采取有效的防范措施。

5. 隐患排查机制

煤炭企业隐患排查要实现"三级"隐患排查即煤矿、区队、班组"三级"隐患排查,其中班组隐患排查是重点。

(1) 班组隐患排查充分利用班前会30分钟的时间,激发全班每一个员工安全生产积极性,充分发挥全班员工安全生产的想象力和安全防范意识,对作业现场和作业过程中,可能存在的危险源和可能发生的事故进行预测、辨识和控制。

(2) 区队隐患排查。区队每月定期由技术员牵头,组织一次采区安全隐患排查,对排查出的隐患及时处理,对隐患整改情况严格验收,做到分级管理。区队长对事故隐患全面负责并组织落实,按照"分级负责、责任落实"的原则,做到项目落实、资金落实、时间落实、措施落实、责任落实、人员落实。若隐患处理难度较大,区队解决不了,须由煤矿解决的隐患应及时上报。区队每月定期把本月度内的隐患排查及落实情况报矿总工程师备案。

(3) 煤矿隐患排查。按照"单位负责、矿长监督"的原则,矿每月定期由总工程师牵头,组织一次全矿性事故隐患排查,制定措施并形成例会制度。矿长对事故隐患全面负责并组织落实。各分管矿长、总工程师对矿长负责,负责组织分管范围内的事故隐患排查与治理。各业务部门对本职范围内的事故隐患排查与治理全面负责。

(四) 动态管控

企业以实现全员、全方位、全过程"上标准岗、干标准活"为目的,坚持以人为本,推行精益过程动态管理。

(1) 明确责任,规范现场操作行为,从严从细分解指标,形成从上到下逐级落实,从下到上层层负责的标准化管理体制,现场管理人员做到目标明确、分工细致、指导到位、考核严细;操作层责任清晰、工序到位、行为规范、操作熟练,做到“上标准岗、干标准活”。

(2) 实施安全质量标准化班组全过程管理,突出岗位个体能力的发挥和班组基本生产单元效能的发挥,规范员工进入工作面后的工作程序,使岗位的作业人员主体责任明确,行为规范。

(3) 积极推行精益制度管理,注重生产全过程的每个环节、每道工序的管理,把每项工作具体细化、量化到生产全过程,达到人人、事事、时时、处处有科学、严谨、规范的制度约束,以精益的安全制度去实现精益安全生产。

二、安全管理的实现

煤炭企业各个工作区域千差万别,其安全管理工作有其不同的特点,本书仅以采煤工作面的安全管理和采煤机司机“手指口述”工作法为例,讲述安全管理工作的内容和方法。

(一) 采煤工作面的安全管理

1. 安全管理内容和方法

采煤工作面安全管理工作主要方法见表5-23。

2. 主要措施

在生产现场设置各种安全宣传看板、安全操作规程看板、作业看板、安全提示等7S管理安全目视化设施。可帮助员工在日常工作中提高安全意识、安全技能,尤其在紧急情况下能够指导员工安全操作、正确救护,如图5-25所示。

(a) 重大危险源警示牌　　(b) 安全提示标语

图5-25　安全目视化

(1) 本着“安全第一,预防为主,综合治理”的方针,严格遵守《安全生产法》,开展煤矿各类安全活动。

(2) 深入开展“三违”治理、隐患排查、风险预控、安全评估、职工合理化建议等安全管理活动。

(3) 进行危险预知训练(KYT),以危险因素为对象,以作业班组为团队开展安全教育和训练活动。

表5-23　采煤工作面安全管理内容和方法

区域	方法
泵站	1. 遵守电气管理制度,按照标准操作,出现异常情况、声音要立即停泵查明原因并处理; 2. 不带压检修、更换液压元件,停泵检查期间应停电闭锁; 3. 泵站启动前要进行检查,泵站正常运行时,泵站压力不得小于规定值; 4. 泵站运行时每班检查乳化液浓度并且泵体温度不超过规定值
液压支架	1. 工具材料齐全,处于施工范围内安全隐患; 2. 施工前检查两巷原支护棚安全情况,执行敲帮问顶制度; 3. 叉门施工必须是经验丰富的老工人,作业时要有专人观察; 4. 超前支护工作完毕后要及时清扫现场,必要时洒水降尘
煤机	1. 煤机司机两人配合,分工负责前后滚筒,遇到顶板破碎、底板倾角过大等情况时,要提前停机处理,确保无安全隐患时,在队长的监护下方可割煤; 2. 割煤期间有异常情况要及时停机处理、停机后必须断开隔离开关和离合器; 离滚筒3 m内有人作业时,禁止运行煤机
采煤工作面	1. 检查作业地点安全情况,严格执行敲帮问顶制度,及时排除安全隐患; 2. 严格执行《操作规程》,严禁违章作业,牢记安全理念; 3. 严禁空顶作业,检查顶梁、支柱是否齐全,水平销是否规范使用,处理伞檐和松动的煤壁; 4. 做好交接班和自查工作,及时处理发现的问题
刮板输送机	1. 开机不允许正面对链板机,防止链条内有异物伤人; 2. 信号装置灵敏可靠,先发信号后开机; 3. 运转中发生故障时,要立即停车,找出原因并处理
作业现场管理	1. 认真检查作业场所的安全状况,协同队长做到不安全不生产; 2. 督促当班工人按章作业,检查特殊工种上岗情况,督促工人认真履行安全生产权利和职责; 3. 同上下班队长现场检查验收当班工作,支柱是否正规、梁头是否调整、是否有浮煤浮矸、电机完好等; 4. 督促处理交接中发现的工程质量问题,必要时向值班人员汇报相关情况,办理交接手续,做好处罚记录并告知当班工人

(二) 采煤机司机"手指口述"工作法

"手指口述"是对该岗位人员简要操作确认规范和要求,主要用于关键作业环节的安全确认。其内容必须通俗易懂,简明扼要。采煤机司机手指口述具体内容如表5-24所示。

表 5-24　采煤机司机手指口述

步骤	手指口述内容
第一步：作业地点安全要点确认	1. 顶板煤壁支护完好确认完毕；作业地点前后20 m，文明生产良好；管线吊挂整齐，确认完毕；滚筒前后5 m范围内无人员，确认完毕。 2. 喷雾良好（雾化效果达标），确认完毕；机组处瓦斯浓度小于1.0%（在允许范围之内），确认完毕。 3. 闭锁装置完好，确认完毕；行走部、切割部完好（运行正常），确认完毕
第二步：开机前“手指口述”	1. 手指：机组上下方 口述：滚筒前后5 m范围内无其他人员和障碍物，溜子闭锁已解开，冷却水已开，确认完毕，可以开机。 2. 手指：机组 口述：行走部、截割部完好，确认完毕。 3. 手指：遥控器 口述：操作手把（控制装置）灵活可靠，确认完毕
第三步：停机“手指口述”	1. 检查内容：机组有无异常现象，停止按钮状况。 2. 手指：机组 口述：机组无异常，已停电闭锁，确认完毕
第四步：检修、维护采煤机“手指口述”	1. 检查内容：煤壁和顶板支护情况，机组停电闭锁情况，上下滚筒离合器是否摘掉，溜子停电闭锁情况，看守开关人员是否到位。 2. 手指：煤壁 口述：煤壁和顶板已支护完整，挡矸设施完好。 3. 手指：机组 口述：机组已停电闭锁，监护人员已到位。 4. 手指：采面溜子 口述：溜子已停电闭锁，看守开关人员已到位，确认完毕，可以检修。 手指口述，确认完毕请指示

“手指口述”关键确认点：

(1) 班前会上：进行精神状态安全确认、结合工作任务隐患分析确认，安全宣誓等。

(2) 进入工作现场前：进入厂房、井下等工作现场前对劳动防护用品佩戴情况、违禁物品携带情况安全确认。

(3) 进入工作现场后：进入工作现场后对行走、乘车、携带工具等进行安全确认。

(4) 作业开始前：接班后在开工、开机等作业开始前从人、机、环各方面进行安全检查、手指口述确认。

(5) 作业过程中：对关键步骤、环节等进行安全确认。

(6) 作业结束后：对设备状态、环境进行安全确认。

(7) 其他重要环节：对可能遇到临时性、突发性操作进行安全确认。

第七节　怎样实现节约

节约是对时间、空间、人力资源、作业流程、管理方法等进行合理利用，通过 7S 改善活动减少浪费、降低成本，提高工作效率，其最终目的是实现精益管理，即以最小的投入获取最大的价值。

一、节约管理的基本方法

（一）节约的作用

（1）节约能源，优化指标，提高能源利用率；
（2）节约时间，优化流程，提高工作效率；
（3）节约费用，精打细算，努力降低成本；
（4）节约物资，循环利用，实现可持续发展；
（5）在整理、整顿、清扫、清洁、素养、安全的推行的基础上，开展节约管理，进一步提升巩固前 6S 的推行成果。

（二）节约活动的实施原则

（1）物尽其用原则。能用的东西尽可能利用，切勿随意丢弃，要充分考虑物品的剩余价值。
（2）精简原则。按照整理、整顿工作要求配置资源，保留必需品，限制非必需品，消除不要物。
（3）修旧利废原则。对废旧物资进行筛选和分类，对于部分具有使用价值、改造加工后恢复使用价值、改变用途仍具有使用价值的物资要充分利用。

（三）主要措施

1. 浪费源分析

在煤炭企业推行节约活动，首先要弄清楚存在哪些浪费，即开展浪费源分析，找出浪费的发生源，然后有针对性地制定节约措施，并开展各种节约活动。
（1）浪费源
浪费源是指浪费的发生源，存在于煤炭企业生产经营的各个环节，主要来自设备设施及工器具、操作、管理活动、人员意识和行为等几个方面。
（2）煤炭企业中的浪费表现
① 能源浪费。能源浪费是煤炭企业最主要的浪费形式，同时也是对企业生产经营结果影响最大的一种浪费，主要包括煤炭企业生产过程中所使用的水、电等能源的浪费，是在管理和使用过程中，因管理不到位、措施不到位，造成的能源浪费。

② 材料的浪费。主要是指煤炭企业生产过程中所使用的各种材料(如锚索、锚杆、方木、乳化油脂等),以及检修、维护过程中使用的各种物资(如氧气、乙炔、钢板、焊条等)的浪费。

③ 设备及工器具浪费。主要是指因运行操作不当造成的系统设备损坏;因维护保养不当造成的设备、仪器、仪表、工器具等的损坏;因未结合生产实际需要采购,造成设备和备品备件的短期及长期闲置等。

④ 时间浪费。主要是指在生产过程当中,因组织不完善、方案不具体、方法不科学、步骤不合理、监督不到位等原因,造成的时间浪费,其中包括等待的浪费、返工的浪费等。

⑤ 空间浪费。主要包括厂区、生产现场、作业点、库房、工器具间、办公区域等场所内,因布局不合理、存放过多、摆放杂乱等原因,造成的空间资源的浪费。

⑥ 工序及流程浪费。主要是指在组织生产过程中,没有对作业工序、作业流程做出科学合理的安排和预见性规划,或在推选过程中没有加强管理、控制和反馈,造成作业成本增加、时间成本加大甚至工作失误而引起的浪费。

⑦ 人力浪费。人力浪费是指在企业生产经营过程中,由于人力数量或技能分配不合理、未充分调动人的积极性和主观能动性,导致工作效率降低、作业质量差,从而选成的直接或间接损失。

⑧ 环境资源浪费。生态环境是一种资源,是诸多资源中最基本、最重要的资源。生态环境包括空气、水、土地等,由于它是人们身边最普通、最廉价的资源,所以对环境资源的浪费往往被人们忽视。而生态环境的严重破坏所造成的损失和浪费,有时是无法计算和弥补的,可以说是“浪费之最”。煤炭企业在生产过程中会导致采空区地表下沉,会产生煤矸石、废水、废渣、废油脂等,对环境造成一定程度的影响,因此应采取各种环保措施,尽可能降低污染物排放,从而最大程度减少对环境资源的浪费和破坏。

(3) 浪费源分析方法

对于浪费源的分析,一般采用浪费源分析表进行分析,见表 5-25。然后制定节约措施并落实,最后跟踪并反馈节约效果。

表 5-25　浪费源分析表

浪费源发生区域	浪费源名称及描述	责任部门	应采取消除措施和方法	消除期限	责任人

(4) 节约管理推行活动

在推行 7S 管理的过程中,通过浪费源分析,找到煤炭企业的主要浪费源及其形态,针对浪费源进行改善,通过改善活动实现节约。煤炭企业节约推行步骤如图 5-26 所示。

① 制订节约活动方案。开展活动前应制订节约活动方案,内容包括以下四部分:

a. 确定开展活动的部门和单位。

b. 确定活动开展的时间、地点和方式。

图 5-26 节约的推行步骤

c. 制定活动评价的标准和要求。

d. 制定活动的奖惩措施。

② 在企业范围内下达开展节约活动通知，使各部门和人员做好准备并开展工作。

③ 开展节约改善活动。在企业范围内开展节约改善活动，并由7S管理推行办公室定期组织检查，做好相关记录。

a. 定置化法。在开展节约改善活动的过程中，应该严格按照要求对生产和经营等各个环节的各类物品实行定置化管理，从而有效消除浪费。

b. 检查表法。在推行节约改善的过程中，应制定节约检查表如表5-26所示，定期检查各类浪费现象，与前期检查结果对比，根据结果中各类浪费现象的变化趋势及变化量，确定下一步节约工作的开展方向方法。

表 5-26 节约检查表

分类	项目	日期					
		1	2	3	4	5	—
机械设备	放置合理						
	定期保养						
生产物资	按区域放置						
	定期检查						
⋮	⋮	⋮	⋮	⋮	⋮	⋮	⋮

2. 对标管理

对标管理是节约改善的主要方法，它是针对生产经营过程中确定人力、物力、时间、进度、质量等方面的配给标准，并形成标准值，在日常节约改善活动过程中，定期组织人员进行检查和确认，搜集实际完成的真实数据，并与标准值进行比较，形成对标分析，见表5-27，找出低于标准值的差距或优于标准值的经验，加以纠正防范或继续保持优化，从而有效提高节约改善效果。

表 5-27 某煤炭企业节约改善对标分析表

工作项目	对标项目	标准配备	实际发生	偏差	偏差原因	改善意见及措施
消耗品	乳化油脂					
…	…	…	…	…	…	…

3. 节约专题活动推行

在节约推行过程中，可以通过公司网站、宣传栏等媒体，利用“节约讲堂”“节约倡议书”“节约明星”“金牌节约改善案例”“节约征文”“节约知识竞赛”等形式大力推行，让员工感受到积极的推行氛围，进一步激发节约热情。

4. 活动总结与激励

开展节约活动成果总结大会，对在节约活动中表现优秀的单位和个人给予奖励，对表现差者进行相应考核。在节约推行过程中，应定期组织节约成果的发布，组织召开节约成果发布会。发布会要有公司主要领导、节约领导小组成员及职工代表参加，在发布会上对获奖的集体或个人颁奖。

5. 节约常态管理

鼓励企业全体人员将活动中形成的各种节约行为，不断持续改善，建立长效节约机制。

二、节约管理的实现

煤炭企业各个工作区域千差万别，其节约管理工作有其不同的特点，本书仅以采煤工作面、选煤工作面和后勤区域等为例，讲述节约管理的方法。

（一）采煤工作面的节约

1. 节约管理方法

采煤工作面节约管理内容和方法见表5-28。

表5-28　采煤工作面节约管理方法

区域	方法
泵站	1. 加强泵站及管路巡检，减少液体的浪费。 2. 按规定配比，添加乳化液，减少乳化液浪费
采煤机	1. 加强对煤机的检修，并做好记录。 2. 做好对煤机配件的管理、保护、保养，提高配件的使用率和寿命期。 3. 加强对煤机司机的培训，正确操作采煤机，提高采煤效率
刮板输送机	1. 加强对链板机的维护保养，提高链板机的使用率。 2. 加强对备件的管理、保养，区分出报废的和可回收利用的，提高工作效率。 3. 加强对链板机司机的培训，正确操作采煤机，提高链板机工作效率
节约管理考核	1. 做好对各项工作的考核，记录每天回收利用与浪费的材料。 2. 每天对回收利用材料的班组、个人进行公示，提高工人节约意识

2. 主要措施

（1）技术节约。在保证安全的前提下对现有安全生产方式和检修工艺进行分析，找出节约能源、节省时间、降低费用等的优化空间，以达到节省原材料的目的。

(2) 将定额管理、修旧利废、五小成果应用、科技创新、优化设计等项目融入“节约”中，达到消除浪费的目的。

(3) 严抓细节管理，杜绝“跑冒滴漏”、材料浪费和设备不合理使用现象，从而降低生产成本，实现企业效益的最大化。

(4) 加强宣传，开展节水、节电、节煤、节油等指标竞赛，从而激发员工热情，不断优化生产指标。

3. 技改节约案例

某煤矿采煤队设计加工了“液压单体支柱硬连接装置”。将废旧DN133焊管割开两半，制作成硬连接两头的抱箍，两抱箍之间采用两个6分镀锌管和花篮螺丝焊接，可通过拧紧花篮螺丝来调节硬连接的长度，以使其紧紧固定在两个液压单体支柱之间，如图5-27所示。

(a)

(b)

图5-27 液压单体支柱硬连接装置

液压单体支柱硬连接的制作均使用回收的废旧材料并自行设计、制作，免除了采购硬连接的费用，可节约采购采煤工作面超前支护区液压单体支柱硬连接300多个，直接节省成本8万余元。

(二) 选煤生产区的节约

1. 节约管理方法

选煤车间的节约主要对时间、空间、人力资源、作业流程、管理方法等进行合理利用，通过节约改善活动减少浪费、降低成本，提高工作效率，其最终目的是实现精益化管理，选煤生产区节约方法见表5-29。

表5-29 选煤生产区节约内容和方法

序号	项目名称	存在问题	节约方法
1	原煤分级筛筛板	因筛板单薄，原煤入料大块矸石较多，更换的新筛板使用30天后就会发生较大变形，不能使用	在筛板背面焊接加强板，以减少筛板变形量，对筛板加厚在保证强度的同时加强耐磨性，通过改造现筛板可使用90～180天

表 5-29(续)

序号	项目名称	存在问题	节约方法
2	原煤筛板压条改造	筛板压条因在筛板上部,大块物料对压条造成较大冲击,压条上的螺栓防护经常变形脱落,使压条和螺栓损坏甚至筛板掉落	对压条进行改造加厚,并将螺栓保护套用铁板进行焊接,保证强度
3	手选带带面及出料溜槽改造	手选带带面使用1.4米EP带,更换过程耗时长,工序要求严格,而从筛机出料口落下的大块矸石和煤对胶带造成较大损坏,溜槽出料口较低,大块矸石容易卡在内部造成平皮带划伤、起层等	将带面更换为1.4米PVC整芯带,缩短了更换带面的工作时间,且整芯带的抗冲击、磨损能力较EP带有较大优势,同时对溜槽进行改造,将出料口加高,使溜槽出料更顺畅
4	稀介磁选机链传动润滑改造	稀介磁选机在改造前链轮和链条的润滑基本靠干油进行,而磁选机内部的介质对链条的磨损较为严重	经过改造,在磁选机链轮下加装一个稀油油槽,利用减速机或其他设备更换后的旧油对链条和链轮进行润滑和防锈
5	加压过滤机软连接	加压过滤就舱内小刮板低速轴是用橡胶的胎式联轴节进行连接,当有加大载荷时就会被撕裂从而保护电机和减速机	现在用EP带的带面打眼加工,能够起到一样的保护作用而且几乎是零成本
6	加压过滤机电磁阀安装气源过滤器	电磁阀无气源过滤器,高压风内的水汽易进入电磁阀,引起阀组锈死损坏	增加过滤器,过滤水分,阀组使用周期至少增加一倍

2. 主要措施

(1) 实施定额管理,减少材料浪费;

(2) 全面开展"五小"创新与修旧利废活动,激发员工创新意识;

(3) 创立科技创新项目,促进安全生产;

(4) 广泛开展全员参与节约活动,提升员工节约意识;

(5) 完善标准,建立有效的激励制度;

(6) 通过技术改造,有效节约生产成本,提高工作效率。

(三) 后勤区域节约

1. 后勤节约管理方法

在总务后勤区域推行节约管理,企业首先必须明确存在哪些浪费的现象,再采取有针对性的措施。常见总务后勤浪费现象与管理对策如表5-30所示。

表 5-30　常见总务后勤节约管理对策

浪费内容	问题	对策
设施损坏	道路指示牌、井盖、垃圾筒、护栏、健身设施等的损坏	1. 纳入安保巡逻路线,每日巡查。 2. 做好回收、修理工作,减少损失。 3. 积极开展教育,倡导员工爱护公共设施

表 5-30(续)

浪费内容	问题	对策
植被破损	树木、花草被损坏	1. 安装标识牌,提醒员工注意。 2. 纳入考核体系,对践踏、破坏植被的人员进行处罚
粮食	浪费粮食	1. 合理设计饭菜价格,保证合适的供给量。 2. 开展节约粮食的宣传活动
水、电费	生活中无节制地用水、用电	1. 限制用水、用电,设置最高用量。 2. 以可视化的方式给出用水、用电的操作方法
物品失窃	厂区物品、设施失窃造成的损失	1. 加强安保措施,建立安全保卫部门。 2. 保卫人员严格执行安保制度

2. 后勤节约考核管理

总务后勤区域节约管理必须建立严格的考核制度,加强检查考核,推行后勤区域的节约管理。总务后勤 7S 管理节约检查考核如表 5-31 所示。

表 5-31　总务后勤 7S 管理节约检查表

序号	检查项目	检查内容/标准	确认达标	备注
1	宿舍	宿舍专人管理	□是　□否	
		宿舍整洁,井然有序、无异味	□是　□否	
		宿舍管理制度明确,并严格执行	□是　□否	
2	食堂	建立专人负责制,明确职责	□是　□否	
		工作人员着装符合卫生标准	□是　□否	
		节约宣传到位,员工执行到位	□是　□否	
3	公共区道路	道路按交通规则进行画线	□是　□否	
		转弯处设置球面镜	□是　□否	
		道路得到良好的维护	□是　□否	
4	公共区设施	公共区域设施完好,设置必要防护设施	□是　□否	
		进行颜色管理,便于使用和维护	□是　□否	
		停车场画线并标识,起到引导作用	□是　□否	
5	绿化	绿化率高、植被得到良好的保护	□是　□否	
		绿化田由专人负责,管理制度健全	□是　□否	

第六章　7S管理样板区构建

第一节　样板区构建方法

煤炭企业推行7S管理必须结合企业实际，按照7S管理推行方法步骤，科学有序推行，其中7S样板区构建是企业7S推行的关键环节，必须高度重视，严格管控。7S样板区构建一般包括现场诊断、资格评审、方案设计、推行培训、推行实施、实施效果、总结推广等步骤。在具体样板区打造过程中，考虑样板区的特殊性，可以在保证7S样板区实施效果的前提下，增加或减少部分环节。

一、7S样板区选择确定的原则

通过7S候选样板区评分分析，确定率先推行7S管理的样板区，样板区一般应该具备以下一个或多个条件。

(1) 具有广泛的代表性，能够发挥示范推广作用。

(2) 企业生产经营核心区域。

(3) 企业安全环境复杂的区域或设备设施。

(4) 管理难度较大的区域或设备设施。

二、样板区7S管理现场诊断

样板区的现场诊断是指根据7S管理的各项要求，由7S管理推行小组对现场进行诊断与评估，目的在于客观地反映企业现场管理水平，以便最终选出样板区。

1. 样板区诊断标准

样板区诊断标准见表6-1。

表 6-1　样板区诊断标准

检查项目	0～1 分标准	2～3 分标准	4～5 分标准
地面	未清扫，随处可见垃圾、杂物、油污及其他物品	进行简单清扫，但仍有少量垃圾、杂物、油污等	地面保持干净、整洁
区域线、定位线	画线不完整或缺失	画线较齐全，但线条设置不合理，起“毛边”、油漆脱落等现象	区域线和定位线设置合理，完整无破损、色泽鲜亮
标识牌	表面脏污，字迹模糊，内容未及时更新	标识牌设置不合理、未按规范要求设计和安装	标识牌设置明显、符合规范要求，牌面整洁干净、无破损
物料	未定置管理，查找困难，现场无标识	未按区域定置管理，未分类摆放，标识不清晰	定点、定量摆放，标识清晰
物料架	物料架变形、脏污，放置混乱，有其他物料掺杂	物料架较清洁，物料未定置摆放，分类放置，现场标识不明确	物料架干净整洁，物料摆放合理，先进先出原则，标识明确
工具	工具摆放随意，损坏工作未及时处理，表面脏污	工具分类摆放，取用后未放回原处，区域卫生较差	工具清单、台账完整，进行形迹管理，标识清晰，取用后及时归位
设备	设备未清扫，表面脏污，存在跑、冒、滴、漏现象	设备经过清扫，未对污染源进行彻底解决，存在卫生死角	设备见本色、干净无脏污，且对污染源进行处理，表面涂刷防腐油漆
操作台	台面杂乱、脏污，随处可见其他与工作无关的私人物品	简单进行整理，仍存在部分非工作物品及污渍	操作台规划合理，物品摆放规范，台面干净整洁、标识明确
储物柜	随处可见油渍、印迹等现象，柜内物品摆放杂乱，未明确责任标识	简单进行了整理，物品分类摆放且对非必需品的分类、标识不完善	柜子表面干净，内部分类摆放、标识清晰，责任人明确
消防器材	消防设施未配置，随处摆放，存在消防器材过期现象	消防设施较齐全，存在配置量未能满足现场使用要求，且部分失效	现场消防器材配备齐全、有效，按规定要求定期检查，责任人明确
清扫用具	清扫用具脏污、破损，随处摆放	清扫用具较齐全、整洁、未按规定区域摆放	清扫用具齐全、干净，采用悬挂管理，定置摆放
作业人员	随意穿戴，秩序混乱，管理无序	部分人员未按规定着装，上班期间存在吃零食、打瞌睡、闲谈等现象	按规定穿戴工装和防护用品用具、遵守规章制度，不违规操作

2. 样板区现场诊断记录

在样板区现场诊断过程中，7S 管理推行小组应依照各项诊断标准对候选样板区进行诊断，同时需要填写现场诊断记录单，逐项记录诊断结果。现场诊断记录单见表 6-2。

表 6-2　7S 管理现场诊断记录单

部门（区队）：		主管：	
日期：		记录人：	
项目	优点	缺点	图例
作业区地面、墙壁、天花板、门窗			
作业区通道和区域线			
作业区机械设备			
作业区物料、产品、工器具、零部件			
安全生产			
生产节约			
库房			
办公区通道、地面、墙壁、天花板、门窗			
办公区物品和文件资料			
公共区域			
员工素养			
…	…	…	…

三、样板区 7S 管理资格评审

1. 7S 管理样板区可行性分析

7S 管理推行小组依据 7S 管理现场诊断记录单，对备选的样板区进行可行性分析，并以文件形式上报 7S 管理推行委员会。样板区可行性分析步骤见图 6-1。

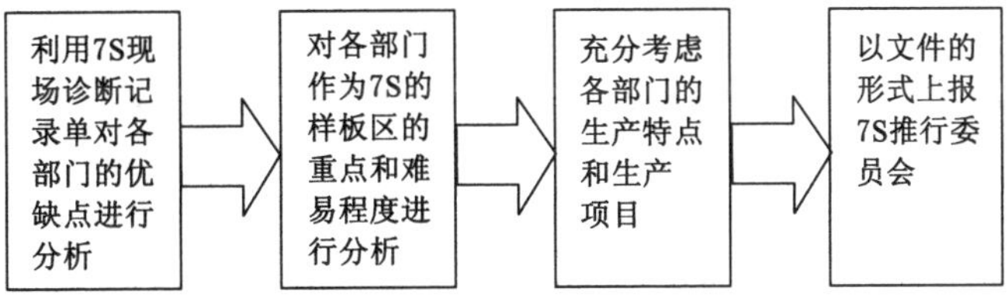

图 6-1　样板区可行性分析步骤

可行性分析文件应该包含对候选样板区现场情况的优缺点、7S 管理推行的难易程度和生产特点三个部分的详细记录，作为推行委员会组织决策的依据。可行性分析报告格式见表 6-3。

表 6-3　可行性分析报告格式

推行项目			执行人		日期	
以下为可行性分析说明						
部门		主管		员工人数		区域	
作业场地说明						
生产工艺说明						
主要设备和材料说明						
目前生产项目说明						
现场诊断说明	优点					
	缺点					
	重点问题					
7S 管理推行主要内容						
7S 管理推行难易程度						
参与考察和讨论人员签字			推行组长审核/签字			

2. 候选样板区评分

7S 管理推行小组递交候选样板区现场诊断单和可行性分析报告之后，7S 管理推行委员会召开会议对可行性分析报告进行讨论，做出决策，选定 7S 管理样板区。7S 管理候选样板区评分见表 6-4。

表 6-4　7S 管理候选样板区评分表

部门	评分项目	评分标准	得分	总分
××部门	现场诊断情况（5 分）	5 分：问题多且明显，便于短时间解决；迫切需要解决的问题。 4 分：问题较多且明显，可在短时间内解决。 3 分：问题较多。 2 分及以下：问题不明显，解决时间长		
	场地适宜性（2 分）	2 分：较好，可以开展 7S 管理活动。 1 分：很不好，无法开展 7S 管理活动		
	资金适宜性（2 分）	2 分：资金缺少，可申请。 1 分：资金短缺，短时间内无法购买相关材料		
	设备适宜性（1 分）	1 分：生产未处于高峰期。 0 分：设备运行繁忙，无法关停		
	员工综合素质（3 分）	3 分：自主自发工作。 2 分：监督工作。 1 分：消极怠工		

四、样板区 7S 管理推行方案设计

样板区 7S 管理推行方案设计是对样板区 7S 管理具体实施的时间和内容的计划安排和设计，包括各项具体工作的时间节点、责任、材料准备和标准设计等内容。样板区推行方案设计见表 6-5。

表 6-5　样板区推行计划方案表

项目	具体内容	责任人	月							
			1	2	3	4	5	6	7	8
整理	制订整理工作标准									
	工具、量具整理									
	操作台面物品整理									
	物料、零件整理									
	设备、设施整理									
	报表、图纸整理									
	杂物、个人用品整理									
整顿	区域规划									
	绘制平面图									
	油漆、PC 板等材料准备									
	设备、设施定位									
	作业区画线									
	通道画线									
	工具定位									
	物品、零件“三定”									
	各类开关标识									
	各类设备铭牌标识									
	看板制作、悬挂									
	作业实施目视化改善									
清扫	划分清扫责任区域									
	制作清扫检查表									
	制订设备清扫标准									
	设备清扫目视化改善									
	清扫检查									
清洁	编制清洁检查表									
	3S 检查									
	开展寻宝活动									
	组织开展 7S 管理竞赛									
	展示 7S 管理成果									

表6-5(续)

项目	具体内容	责任人	月							
			1	2	3	4	5	6	7	8
素养	制订现场作业规范									
	张贴现场7S管理环境标语									
	现场文明生产活动									
	开展优秀班组评比活动									
安全	开展安全教育活动									
	建立安全事故应急机制									
	开展安全目视化改善									
	制订安全管理条例									
	安全设施、设备定置									
	设置安全标识系统									
	检查现场安全隐患									
	开展防事故演练活动									
节约	开展现场节约活动									
	张贴节约标语(宣传画)									
	开展提案改善活动									

五、样板区7S管理推行培训和标准设计

企业应对样板区打造的参与员工进行培训。培训的方法和主要内容见表6-6。同时企业高层领导应给予精神和物质支持,以突显企业对打造样板区的重视,增强员工信心,减少7S管理推行阻碍。

表6-6　培训的方法和主要内容

培训方法	时间安排	培训地点及方式	主要内容
课堂授课	第1天	选择可容纳样板区全体员工的会议室或其他场所;组织员工进行课堂学习	① 非必需品的区分标准。 ② 平面定置的作用与实施。 ③ 油漆的使用方法。 ④ 如何制作看板与标识牌。 ⑤ 7S管理大脚印的实施方法。 ⑥ 晨会的组织过程。 ⑦ 专人负责制的实施方法。 ⑧ 如何消除现场的浪费。 ⑨ 如何做到安全生产。 ⑩ 如何养成良好的生产习惯

表 6-6(续)

培训方法	时间安排	培训地点及方式	主要内容
课堂授课	第2天	在样板区现场进行7S管理实际操作技巧指导	① 如何处理非必需的物品。 ② 工器具和零部件的形迹管理。 ③ 如何给现场画线和刷漆。 ④ 如何给机器设备“洗澡”。 ⑤ 如何消除卫生死角。 ⑥ 设备的点检和保养工作。 ⑦ 看板与标识牌的摆放与粘贴。 ⑧ 搬运管理和盘点作业

六、样板区7S管理实施措施

1. 推行实施步骤

样板区推行计划的实施时间应控制在10～45天左右，不宜过长。样板区实施7S管理推行步骤见图6-2。

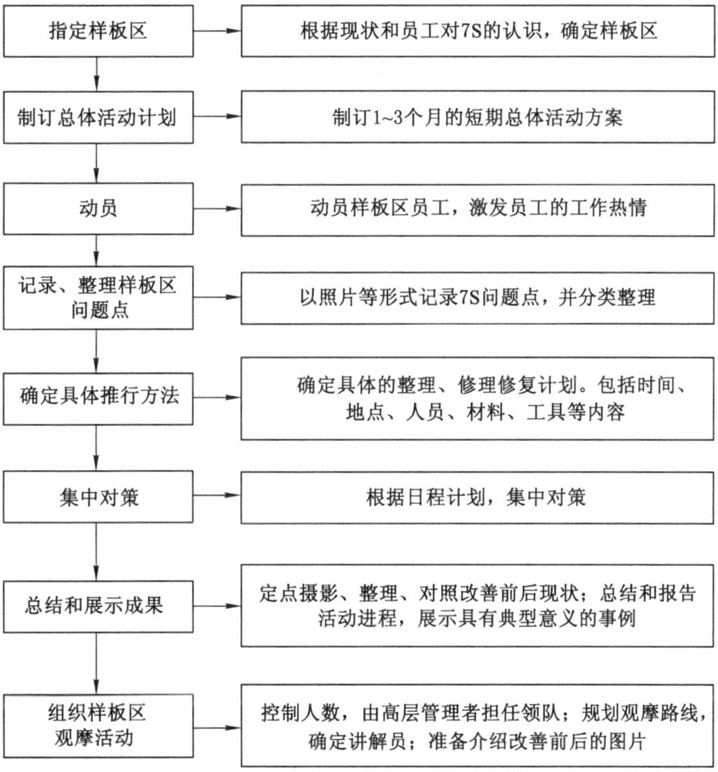

图6-2　7S管理样板区推行步骤

2. 样板区实施过程中问题点记录

在样板区推行 7S 管理的过程中,7S 管理推行小组应记录推行期间发生的问题点,并找出对策,以便在全面推行 7S 管理的过程中避免再次发生此类问题。问题点采用照片和表格两种方式予以记录。

(1) 照片记录

照片记录是指采用定点取像的方式,将每个问题点拍成照片,同时记录下拍照的时间和位置。

(2) 表格记录

表格记录是指利用 7S 管理样板区问题点记录表对 7S 管理样板区的所有问题点进行记录和追踪,确保问题点全部得以解决。7S 管理样板区问题点记录见表 6-7。

表 6-7　7S 管理样板区问题点记录表

序号	问题点	问题描述	记录日期	记录人

七、样板区 7S 管理实施效果

样板区成功打造后,应该及时总结实施效果,总结样板区打造的经验。

八、样板区 7S 管理总结推广

样板区推行经验总结是对一定时期内的样板区推行工作的总结、分析和研究。在肯定成绩的同时,也找出问题,得出经验教训,用于指导下一阶段 7S 管理工作的推行。

第二节　某煤矿综放工作面样板区构建

一、现场诊断

某煤矿 7S 管理推行小组对综放工作面进行现场诊断，发现存在主要问题有：

（1）设备列车、采煤机、支架等设备动态达标难度大。

（2）工作面安全提示不规范。

（3）现场卫生较差。

（4）泵站、开关、采煤机、支架等主要设备缺少点检、巡检指示标识。

（5）顺槽和设备列车物料、备件、工具存放不合理。

二、资格评审

某矿综放工作面存在的问题是煤矿采煤工作面的共性问题，为提升现场设备的稳定运行和现场工作环境，7S 推行委员会决定将综放工作面作为 7S 管理样板区，通过打造样板区，以点带面，全面推行煤矿的 7S 管理工作。

三、7S 管理推行方案设计

按照前期现场诊断，制订了综放工作面 7S 管理区域推行方案，限定完成时间，确定责任人明确工作要求，同时做好定点摄影、材料预算、宣传总结等工作安排。某煤矿综放工作面 7S 管理推行方案。如表 6-8 所示。

四、7S 管理推行培训

某煤矿综放队召开了 7S 管理工作培训推行会，参加培训 102 人，分三次培训，总时长为 6 个小时，培训现场如图 6-3 所示。

五、实施措施

针对综放工作面存在问题，制定了具体整改措施。如表 6-9 所示。

表 6-8　某矿综放工作面 7S 推行方案

序号	计划项目	具体内容	完成时间	费用预算	负责人	备注
1	定点摄影	在综放工作面 7S 管理项目推行前，记录初始状态	4 月 15 日前完成		王××	
2	整理整顿清扫清洁安全节约	7S 管理区域规划，划分采煤机、液压支架、设备列车、安全通道、物品堆放区、消防器材等	6 月 1 日前完成		张××	
		确定需要和不需要物品分类，将非必需品清除出作业区域				
		泵站、组合开关、采煤机等主要大型设备制作标识标签				
		综放工作面应制定生产现场工具箱、工具架、设备列车、顺槽巷道、工作面等清洁标准，在一周内清扫完成	6 月 10 日前完成		王×× 张××	建立日常清扫程序
		液压支架，泵站，组合开关、集中控制室过期粘贴物、标识清理				
		设备列车、液压支架锈蚀部分先进性除锈补漆处理（补漆部分形状要规则、颜色与原色相同）				
		危险预知训练（KYT）				
		泵站、组合开关、采煤机、支架、刮板运输机等主要设备的标准点检、维修流程制度、标识				
		结合班级建设，开展“五小”活动				
3	素养形成宣传总结	采煤工作面 7S 管理前期宣传			李××	
		养成 7S 管理习惯				
		采煤工作面 7S 管理后期 PPT 总结				

图 6-3　7S管理样板区培训现场

表 6-9　具体整改措施

序号	项目	措施
1	综放工作面设备列车刷漆	设备列车侧面、软连接、硬连接刷红白相间油漆，表面刷天蓝色油漆
2	综放工作面工具箱整改	将原有的工具箱改为旋转式工具箱、工具架改为工具墙。将压风自救、供水自救改装设备列车上
3	综放工作面泵站、组合开关、采煤机等主要设备张贴标识	主要设备张贴设备包机牌，内容包括包机人、检查人、检查时间等相关事项
4	综放工作面泵站、组合开关、采煤机、刮板运输机等主要设备点、巡检指导，操作流程，危险源辨识	制作综放工作面主要设备巡检指导书、设备操作流程图，现场危险源辨识图表
5	设备列车刷防撞、防碰、防绊警示标识	现场基础设施刷黄黑相间油漆，做好警示
6	综放工作面软化水过滤站、绞车、泵站、支架等设备除锈、防腐	主要设备钢结构除锈防腐，刷与本色相同的油漆
7	开展危险预知训练(KYT)	
……	……	……

六、实施效果

通过为期45天的样板区打造，工作面环境设施改善明显，效果如下。

(1) 设备列车管线整改前后对比，如图6-4所示。

(2) 设备列车各部位，除锈、刷漆、张贴包机牌，如图6-5所示。

(3) 工具箱刷白色油漆、旋转部位根据现场刷对比鲜明的油漆，整改前后对比，如图6-6所示。

(4) 制作设备综合点检看板，如图6-7所示。

(a) 管线正整改前

(b) 管线正整改后

图 6-4　设备列车管线整改前后对比

(a) 泵站整改前

(b) 泵站整改后

(c) 绞车整改前

(d) 绞车整改后

图 6-5　泵站、绞车整改前后对比

七、总结推广

综放工作面 7S 管理样板区的成功打造，对煤矿井下的 7S 管理有十分重要的指导意义，为煤矿全面推行 7S 管理打下了坚实基础。

(1) 对综放工作面进行整改，实施 7S 管理，工作环境有了巨大的改变。

(2) 设备点检巡检看板、点检标识，现场检查项目一目了然，提高了检修效率，降低了设备故障率。

(a) 工具箱整改前

(b) 工具箱整改后

图 6-6　工具箱整改前后对比

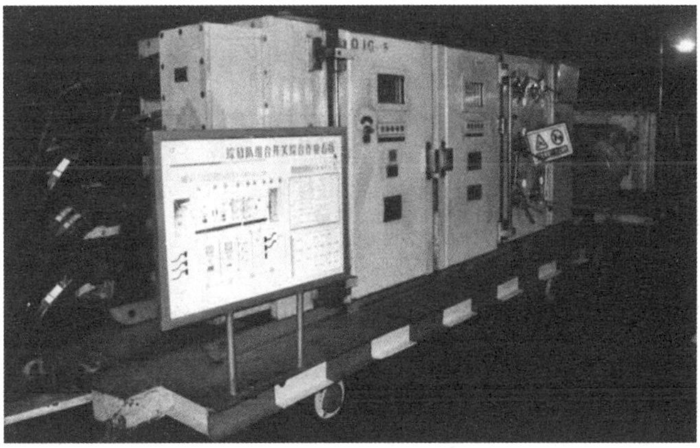

图 6-7　设备点检、巡检看板

(3) 作业现场通道畅通、物料储存规范、责任明确，工作场所宽敞明亮，安全设施齐全，警示标识醒目，为安全生产打下了坚实基础。

第三节　某煤矿中央变电所和水泵房样板区构建

一、现场诊断

某煤矿7S管理推行小组对井下中央变电所及水泵房进行7S现场诊断，经过诊断发现中央变电所和水泵房存在一系列问题。诊断问题见表6-10。

表6-10　现场诊断问题表

序号	检查项目	存在问题	原因分析	处理方法
1	地面	未清扫,脏乱差	未及时清扫	及时清扫
2	区域线	未画线/不规范	未画线/画线不准确	重新画线
3	标识牌	表面脏污,字迹模糊	填写不规范	清洗或更换
4	物料	随意摆放,取用不方便	未按要求摆放	分类定置摆放
5	工具	工具随意摆放,工具表面脏污	物品未分类	形迹化管理
6	设备	表面脏污,存在跑冒滴漏现象	未加装防尘设施	增加防尘网
7	储物柜	表面脏污,柜内物品放置杂乱,无标识	物品存放不规范	分类存放
8	消防器材	消防设施配备不齐全,部分灭火器材过期	未按要求点检	及时更换补齐
9	管路	管路杂乱、表面锈蚀	油漆脱落或未防腐	重新刷漆
10	线缆	线缆零乱	线缆未捆扎整齐	重新布线
11	灯具	灯光昏暗	防爆灯数量不足	增加灯具
12	吸水井防护栏	吸水井防护栏破损	未按时检修	修理刷漆

二、资格评审

中央变电所是井下供电的中心,担负着井下各个区域的变配电任务。中央水泵房担负全矿井的涌水排放任务,直接关系到全矿井的排水安全。通过7S管理样板区的打造构建,保证设备安全可靠运行,保障安全生产,改善工作环境,让员工有更好的工作场所,煤矿决定选定中央变电所和水泵房作为7S管理推行的样板区。

三、7S管理推行方案

根据前期现场诊断结果,制订中央变电所及水泵房的7S管理推行方案,限定45天完成,明确责任人及工作要求,推行计划方案见表6-11。

表6-11　样板区7S管理推行方案

序号	任务名称	整改情况			开始时间	完成时间	责任人
		方案	使用材料	使用数量			
1	办公室指引	制作业务流程指引,明确工作的步骤和程序			4月15日	5月1日	张××
2	清理非必需品	清除出作业区					
3	设备设施整理	固定位置					
4	图表、牌板整理	现有牌板重新吊挂					

表 6-11(续)

序号	任务名称	整改情况			开始时间	完成时间	责任人
		方案	使用材料	使用数量			
5	安装防爆灯	增加防爆灯					
6	杂物、个人用品整理	清除多余物品,进行定位标识					
7	材料准备	领取材料等工作					
8	设备定位	根据工作实际进行定位					
9	设备、管路刷漆	按7S管理要求刷漆			4月20日	5月1日	李××
10	作业区画线	按7S管理要求刷漆					
11	通道画线	合理布局					
12	危险预知训练	按照4R训练法实施					
13	各类开关定位标识	制作开关架					
14	各类设备铭牌标识	制作铭牌并张贴					
15	看板制作悬挂	制作并悬挂					
16	制作检查表	定期检查					
17	检查考核	定期检查					
18	制定现场作业规范	根据现场制作规范					

四、7S管理推行培训

7S推行办公室对中央变电所及水泵房全体员工进行为期2天的培训。并进行了7S知识技能考试。

五、实施措施

1. 样板区整改措施

中央变电所及水泵房样板区推行7S管理的具体整改措施包括以下几个方面。

(1) 中央变电所整改措施

① 工具柜、资料柜进行形迹化管理。

② 设备底座进行补漆,底边刷防撞线。

③ 通讯电话做名称标签,并在醒目处粘贴通讯录。

④ 设立高压区、低压区名称牌。

⑤ 设置设备区域线和通道线和巡检路线标识。

⑥ 消防器材进行定位、标识,消防沙箱改造成移动式。

⑦ 每台高爆开关下设置断电报警灯。

(2) 中央水泵房整改措施

① 水泵房内压力表设置安全工作范围,用黄、绿、红颜色标识,色条宽度3 mm。

② 值班区域及消防材料区域参照中央变电所要求定置。中央泵房二道防火门内侧与中央变电所连接通道交叉口标识箭头指示方向。

③ 进行设备区域划分和地面安全通道规划,通道线用黄色实线,线宽根据现场实际确定。

④ 电机冷却风扇防护网喷涂红色油漆,风扇转动方向用白色箭头标注,箭头规格根据电机外壳大小而定。

⑤ 设备保持本色,设备凸起物使用黄色油漆,基座涂黄色防锈漆,联轴器转动方向用白色箭头标注。

⑥ 重新固定水泵电缆,横平竖直。

⑦ 拆除水泵房内多余管道。

⑧ 压力表设置安全工作范围,用黄、绿、红颜色标识,色条宽度3 mm。

⑨ 水泵房内阀门体刷黑色油漆,手抡刷红色油漆,标明转动方向,吊挂管理标志牌,标注阀门规格型号、编号、控制区域。

⑩ 管子道口新安装管路需修复。值班区域及消防材料区域参照中央变电所要求定置。

2. 样板区考核检查

在中央变电所、水泵房7S管理样板区构建过程中,7S管理推行办公室不定时进行检查考核。检查考核见表6-12。

表6-12 中央变电所、水泵房7S管理检查标准表

项目	序号	评价内容	扣分	备注
1. 地面	1.1	地面凸起物应设置防绊线	2	
	1.2	地面无破损、坑洼,无积水、积灰、油渍	3	
	1.3	地面无纸张、碎屑及其他杂物,无烟蒂、痰迹	3	
2. 通道	2.1	通道划分明确,保持畅通,无障碍物,不占道作业	2	
	2.2	两侧物品不超过通道线	1	
	2.3	通道线及标识保持清晰完整,无破损	1	
	2.4	应急通道指示醒目,无堵塞	2	
3. 墙面	3.1	墙身无破损、脱落	1	
	3.2	墙面保持干净,无蜘蛛网、积尘	1	
	3.3	墙面无乱涂、乱画、乱贴	1	
	3.4	地面无渗水、脱漆	1	
	3.5	墙面无手脚印,无陈旧标语痕迹	1	

表 6-12(续)

项目	序号	评价内容	扣分	备注
4. 设备仪器	4.1	开关、控制面板标识清晰，控制对象明确	2	
	4.2	设备仪器保持干净，定位摆放整齐，无多余物	2	
	4.3	设备仪器明确责任人员，日常点检，记录完整，确保记录正确	2	
	4.4	设备、仪器状态良好，非正常状态应有明显标志	2	
	4.5	仪器仪表检验标志张贴规范，保证在有效期内	2	
	4.6	仪表盘干净清晰，明确工作范围	2	
	4.7	设备阀门、介质流向标识明确	2	
	4.8	危险部位有警示和防护措施	2	
	4.9	设备无脏污，无跑冒滴漏现象	2	
	4.10	设备点检标识清晰、醒目	2	
5. 管线	5.1	各种管线(电线管、气管、水管等)固定牢靠	1	
	5.2	管线无破损、布置规范	1	
	5.3	管线布局合理，保持清洁，无灰尘、污垢	1	
	5.4	废弃管线及时清理，预留部分应有标识	1	
	5.5	设备与对应的管线应有明确的对应标识、介质流向	1	
6. 工具箱、柜	6.1	柜面标识明确，与柜内分类对应	1	
	6.2	柜内物品分类摆放，明确名称	1	
	6.3	各类工具保持完好、清洁，保证适用性	1	
	6.4	各类工具使用后及时归位，形迹化管理	1	
	6.5	柜内无杂物，柜身保持清洁	1	
7. 区域划分	7.1	摆放区域合理，标识清晰	2	
	7.2	区域线清晰，明确区域范围	2	
	7.3	暂放物应摆放整齐、干净，标识清晰	2	
	7.4	暂放物应做好隔离措施，明确责任人	2	
	7.5	警示标识醒目、完整	2	
8. 工作台	8.1	工作台面无杂物	2	
	8.2	物品定置摆放，非必需品及时清理	2	
	8.3	台面干净，无破损	2	
	8.4	不得存放个人物品	2	
9. 清洁用具	9.1	清洁用具用品定位摆放，标识明确	2	
	9.2	清洁用具摆放规范，无倾倒、杂乱	2	
	9.3	清洁用具本身无异味，无损坏	1	
	9.4	垃圾及时倾倒	1	

表 6-12(续)

项目	序号	评价内容	扣分	备注
10. 电气设备	10.1	开关、控制面板标识清晰,控制对象明确	2	
	10.2	设备保持干净,定位摆放整齐,无多余物	2	
	10.3	明确设备责任人,巡检记录完善	2	
	10.4	电气处于正常使用状态,非正常状态应有明显标识	2	
	10.5	合理布线,集束整理	2	
	10.6	配电箱标识牌醒目,同区域保持一致	2	
11. 消防设施	11.1	放置位置明显,标识清楚	1	
	11.2	位置选择合理,设置禁止阻塞线,线内无障碍物	1	
	11.3	状态完好,按要求摆放,外观干净整洁	1	
	11.4	定期点检记录完整,明确责任人	1	
	11.5	消防器材应有使用说明书	1	
	11.6	紧急出口标识明确,逃生指示醒目	2	
	11.7	楼梯、台阶应设置防踏空线	1	
12. 宣传栏、看板	12.1	资料、记录内容正确,无错别字	1	
	12.2	班组应有看板	1	
	12.3	看板内容应及时更新,无过期公告,责任人明确	1	
	12.4	劳保用品干净整洁,无破损	1	
13. 行为规范	13.1	工作时间不睡觉,不打瞌睡	1	
	13.2	无聚集闲谈、吃零食和大声喧哗	1	
	13.3	不看与工作无关的书籍、报纸、杂志	1	
	13.4	工作场所无串岗、离岗	1	

六、实施效果

(1) 中央变电所及水泵房通道经过通道规划、合理布局、悬挂宣传标语,让安全警示随处可见,提醒员工时刻注意安全,见图 6-8。

(a) 整改前的通道

(b) 整改后的通道

图 6-8 中央变电所及水泵房通道

(2) 水泵、管路、阀门经过除锈、刷漆、规划等一系列措施，保障设备安全稳定，见图 6-9。

(a) 整改前的水泵

(b) 整改后的水泵

图 6-9　主水泵

(3) 经过打造的中央水泵房前后照片对比。见图 6-10。

(a) 整改前的水泵房

(b) 整改后的水泵房

图 6-10　水泵房打造前后对比

(4) 中央变电所内设置设备区域线、巡视路线标识，前后对比，见图 6-11。

(a) 变电所未设置设备区域线

(b) 变电所设置设备区域线

图 6-11　变电所设置区域线前后对比

（5）中央变电所内消防器材架改造，设置消防器材防阻塞线，并对消防器材进行形迹化管理，见图 6-12。

(a) 变电所内打造前消防器材架　　(b) 变电所内打造后消防器材架

图 6-12　消防器材架整改前后

（6）制作设备点检牌板。如图 6-13、图 6-14 所示。

图 6-13　中央水泵房点检看板

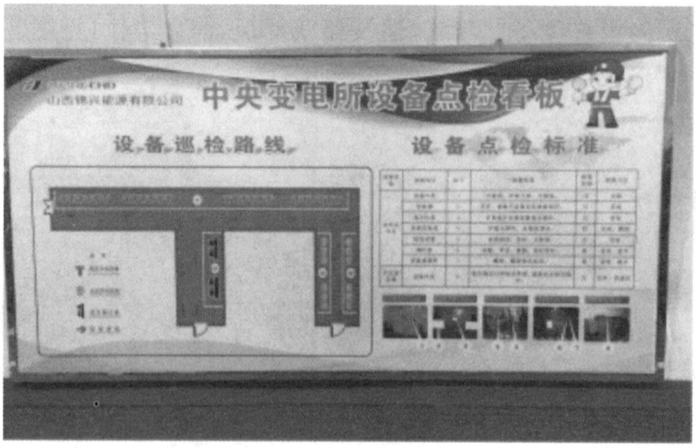

图 6-14　中央变电所点检看板

七、总结推广

某煤矿中央变电所及水泵房经过为期30天的7S管理样板区构建，取得了显著成效。

(1) 对污染源进行治理后，整体工作环境改善，设备故障率明显下降，发现安全隐患更加及时。

(2) 对管路线缆的重新整理、整顿，发现问题及时处理，加强了设备运作稳定性。

(3) 对工作台及按钮进行重新标识，防止在作业过程中出现误操作现象，确保设备和人身安全。

(4) 对消防器材架的重新改造，消防器材在使用时更加安全可靠。

(5) 设置安全警示线，进一步加强现场安全警示，保证员工人身安全。

(6) 通过加强7S管理培训，员工岗位意识及自身素养得到提升，为今后7S推行工作起到很好的指导作用。

煤矿中央变电所及水泵房通过7S管理样板区的构建，消除了生产现场不利因素，保证全矿井的安全供电和排水安全，为煤矿全面推行7S管理打下了坚实基础。

第四节　某煤矿主井驱动机房样板区构建

一、现场诊断

某煤矿主井驱动机房经过7S管理推行小组现场诊断后，发现存在以下主要问题：

(1) 现场排污设施不完善，导致污水横流，造成严重的环境污染。

(2) 现场防尘措施不到位，胶带机、主驱动机组积灰严重。

(3) 必需品未定置，工器具摆放杂乱，现场管理杂乱无章。

(4) 未制作专用清除铁件工具，存在安全隐患问题。

(5) 设备表面部分脱漆，线缆杂乱，缺少巡检、点检标识。

二、资格评审

主井驱动机房是煤矿皮带运输系统的核心，是煤矿生产辅助单位中的一个代表性单位，其存在的问题是皮带运输系统的共性问题，选择在主井驱动机房打造样板区很有必要。

三、7S管理推行方案

根据前期7S现场诊断，煤矿制订了主井驱动机房样板区推行进度计划，落实责任人，明确工作要求，要求20天完成样板间打造工作。具体计划见表6-13。

表 6-13　主井驱动机房 7S 管理样板区推行方案

序号	计划项目	具体内容	完成时间	费用预算	负责人	备注
1	定点摄影	在项目推行前，记录原始状态				
2	整理 整顿 清扫 清洁 节约 安全	区域规划，划分工作区域、安全通道、物品堆放区、消防器材区等				
		确定必需品和非需要品，物品分类摆放				
		治理现场污染源				
		清洁墙面、胶带机、主驱动机组等设备表面卫生，清理过期粘贴物、标识				
		设备锈蚀部位除锈补漆处理（补漆部分形状要规范、保持设备本色）				
		整理线缆、工器具等，完善现场安全防护设施				
		开展危险预知训练（KYT）				
		制作设备点检、巡检标识				
3	素养 宣传 总结	撰写前期宣传稿一篇				
		制作宣传看板、点/巡检看板等内容				
		撰写中期宣传稿件一篇				
		后期 PPT 总结				

四、7S 管理推行培训

某煤矿对 7S 管理样板区全体员工进行了 2 天的培训，培训内容包括 7S 管理内容、7S 管理现场操作方法，同时进行了样板区现场指导和动员。如图 6-15 所示。

（a）培训现场模拟演练　　（b）样板区构件现场指导员

图 6-15　7S 管理样板区培训

五、实施措施

7S管理推行小组根据现场诊断的问题，制订了具体整改措施。如表6-14所示。

表6-14　主井驱动机房7S管理样板区整改措施表

序号	项目	措施	备注
1	主斜井井口环境改善	斜井口处整理线缆、增设防尘喷雾、管道护罩等	
2	除铁器箱	除铁器箱内加下料口，增设除铁器箱防护门和观察口	
3	危险预知训练(KYT)	按照4R训练法开展危险预知训练(KYT)	
4	增设安全防护设施	现场防绊、防撞基础设施刷黄黑相间油漆、转动部位加装防护罩，并挂警示牌	
5	除锈、防腐	设备钢结构进行除锈、防腐	
6	驱动机组整理	设备表面除锈补漆，增设安全警示牌，点检标识等	

7S管理推行小组在样板区构建过程中，针对发现的问题，进行了详细记录并及时处理，问题点记录如表6-15所示。

表6-15　主井驱动机房7S管理样板区问题点记录

问题点	问题描述与措施建议	记录日期	记录人
1	主井胶带机下料口底座处地面不平整，需重新找平		
2	201机尾处楼梯口第一个台阶不平整		
3	大门入口处清洁工具架无标识，下方增设下水口		
4	配电室门口洗靴池处电缆杂乱，重新需整理		
5	低压配电室内开关线、开关盒整理，标识明确		
6	高压配电室内，文件夹摆放不规范，需分类装入文件盒，并形迹化管理		
……	……	……	……

六、实施效果

(1) 主斜井井口整改。整改前主斜井井口处煤尘大，电缆、管路杂乱。通过整改，对电缆、管路进行整理，增设防尘喷雾、管路护罩等，现场环境得到明显改善，区域变得干净整洁、管路布置规范。主斜井井口环境改造前后对比如图6-16所示。

(2) 除铁器箱整改。整改前回收铁件时需要人员进入箱体内部，存在安全隐患，且劳动强度较大。整改后铁件直接从箱体内部滑落下方，方便回收。除铁器箱整改前后对比如图6-17所示。

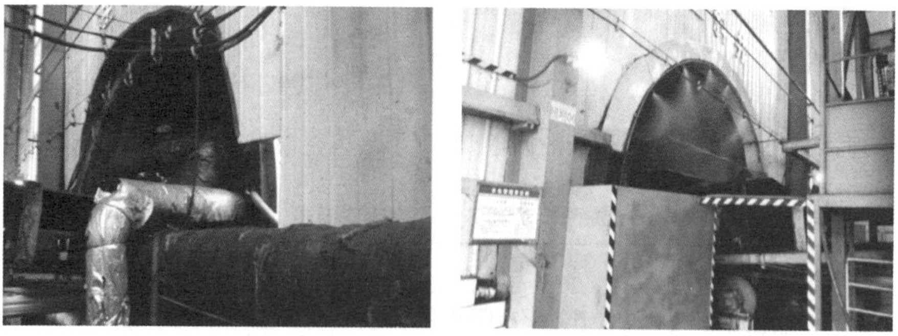

(a) 主斜井井口处整改前　　(b) 主斜井井口处整改后

图 6-16　主斜井井口处整改前后对比

(a) 除铁器箱整改前　　(b) 除铁器箱整改后

图 6-17　除铁器箱整改前后对比

(3) 驱动机组整改。整改前环境卫生不符合安全文明生产要求,现场存在较大安全生产隐患。通过对驱动机组的整理、整洁,增加安全警示标识,驱动机房环境有明显改善。驱动机组整改前后对比如图 6-18 所示。

(a) 驱动机组整改前　　(b) 驱动机组整改后

图 6-18　驱动机组改造前后对比

(4) 工具箱整改。整改前现场杂乱无章,工器具随意摆放。整改后工器具分类摆放,进行形迹化管理,合理利用存放空间,提高工作效率。工具箱改造前后对比如图 6-19 所示。

(a) 工具箱整改前　　(b) 工具箱整改后

图 6-19　工具箱整改前后对比

(5) 提升机下料口整改。整改前煤泥随处洒落、飞溅，导致周边区域环境污染。由于物料下落角度较大，对皮带造成较大冲击。通过对下料口改造，让物料顺势滑落皮带运行方向，减少对皮带的冲击，同时对下料口处焊接密封，极大减少煤泥飞溅造成环境的污染。提升机整改前后对比如图 6-20 所示。

(a) 提升机整改前　　(b) 提升机整改后

图 6-20　提升机整改前后对比

(6) 通讯机整改。整改前，由于位置选择不合理，安装不规范，现场线路杂乱。通过加设防尘网，完善现场标识、增设通讯录，驱动机房变得整洁美观。通讯机整改前后对比如图 6-21 所示。

(7) 输送机区域整改。整改前输送机架两侧污染源未进行治理，污水横流。通过对输送机机架两侧增设围挡，对污染源进行有效隔离，引导污水统一流向，现场环境得到明显改善。输送机机架两侧整改前后对比如图 6-22 所示。

七、总结推广

通过在煤矿主井驱动机房打造 7S 管理样板区，现场作业环境得到改善，保证了安全生产，取得显著成效。

(1) 通过对主井驱动机房设备的清扫、点检，不断完善各项工作要求，特别是对污染源的治理，使设备故障率降低 95%。

(a) 通讯机整改前

(b) 通讯机整改后

图6-21 通讯机整改前后对比

(a) 输送机机架两侧整改前

(b) 皮带机机架两侧整改后

图6-22 胶带机机架两侧整改前后对比

(2)主井驱动机房作业现场通道畅通、储存规范、责任明确,工作场所宽敞明亮,安全设施齐全,警示标识醒目。

第五节 某煤矿物资库房样板区构建

一、现场诊断

某煤矿7S管理推行小组对物资库房进行了7S现场诊断。发现存在的问题见表6-16。

表6-16 物资仓库现场诊断表

序号	检查项目	存在问题
1	地面	有少量垃圾、杂物、油污、地面不平整
2	区域线 定位线	物资仓库各功能区域划分不清晰、不明确

表 6-16(续)

序号	检查项目	存在问题
3	标识牌	区域名称、货架名称标识牌不完善
4	物品	物品存在随意摆放,未进行定置管理
5	货架	货架无明确标识牌,与平面布置图对应,编号及各层类别不清晰
6	清扫用具	清扫用具脏污,不齐全,随处乱放

二、资格评审

物资仓库是企业生产保障的关键区域,为提高工作效率,降低备品备件物资大量占用企业资金,将 7S 管理运用到库房管理中,对企业全面推行 7S 管理意义重大。

三、7S 管理推行方案

某煤矿制订了物资仓库 7S 管理样板区推行计划,如表 6-17 所示。

表 6-17　物资仓库 7S 管理推行方案

序号	计划项目	具体内容	完成时间	费用预算	负责人	备注
1	定点摄影	在项目推行前,记录原始状态。				
2	整理 整顿 清洁 清扫 安全 节约	货架区、验收区、装卸货物工具区、消防器材区等进行划分				
		清除地面、通道上随意堆放的物资				
		货架物资明确标识,制作四码定位标识				
		制订仓库清扫基准表				
		过期或破损的粘贴物、标识清理及更换				
		货架、通道、标识牌等清扫可视化改善、制定卫生清扫检查表,巩固 7S 管理成果				
3	素养 总结	推行前期宣传稿一篇				
		养成日清日毕				
		后期 PPT 总结				

四、7S管理推行培训

由7S管理咨询公司老师对物资库房的10位员工，开展为期一天的7S管理培训，如图6-23，主要培训内容包括现场诊断存在问题剖析及改善措施，并介绍其他企业库房的样板区整改措施和效果等。

图6-23　7S管理样板区推行培训

五、实施措施

根据现场诊断发现的问题，煤矿制订了物资仓库7S具体改造措施。如表6-18所示。

表6-18　物资库房7S管理整改措施

序号	项目	措施	备注
1	区域区分	清除通道内、楼道非必需品，必需品摆放整齐	
		规整划分物资存放区、验收区、装卸区，各区域通道画线、标识有效区分	
2	货架管理	根据仓库区域设计货架摆放、物资存放的平面布置图	
		制作货架标识牌，与平面布置图对应，各层类别清晰编号，物品标识齐全、准确	
		物资分类摆放整齐，"四码"定位准确清晰，物品标识齐全准确，无遗漏	
3	管理制度	制定库房物资管理制度并上墙	
4	制定清扫、清洁检查规定	对货架、通道、标识牌等进行清扫可视化改善，制定卫生清扫检查表，形成检查常态化	
5	危险预知训练(KYT)	按照4R训练法开展危险预知训练(KYT)活动	

六、实施效果

（1）仓库物资货架整改前后对比，如图6-24所示。

（a）仓库货架整改前　　（b）仓库货架整改后

图6-24　仓库货架整改前后对比

（2）物资仓库改造前后对比，如图6-25所示。

（a）仓库区域整改前　　（b）仓库区域整改后

图6-25　物资仓库整改前后对比

（3）货架上物资分类摆放整齐，四码定位准确清晰，如图6-26所示。

（a）物资四码定位效果　　（b）物资四码定位

图6-26　货架物资四码定位

第六节　某煤矿主提升机绞车房样板区构建

一、现场诊断

经过7S管理推行办公室现场诊断，某煤矿主提升机绞车房现场存在如下问题：
(1) 工作场所整体环境卫生差。
(2) 各设备未按规定进行点检。
(3) 管路电缆吊挂混乱，设备标识缺失。
(4) 配电柜组未进行分类摆放，标识不清晰。
(5) 地面及设备区域未设置安全警示线。

二、资格评审

某煤矿主提升机绞车作为矿井轨道运输的核心，选取主提升机绞车房作为7S推行样板区，对保证矿井安全高效生产，保障设备稳定运行，为后续全面推行7S管理作用意义重大。

三、7S管理推行方案

7S管理推行办公室针对主提升机绞车房样板区，制订了对应的推行计划方案，明确时间节点，责任分工到人，做好材料预算。主提升机绞车房7S管理推行方案如表6-19所示。

四、7S管理推行培训

主提升机绞车房样板区打造前，煤矿对机动队各绞车司机，进行为期2天的7S管理教育培训，培训过程如图6-27。

五、实施措施

(1) 根据样板区现场诊断的问题，煤矿制订了具体整改措施，如表6-20所示。

表 6-19　主提升机绞车房 7S 样板区推行方案

序号	计划项目	具体内容	完成时间	费用预算	负责人	备注
1	定点摄影	在项目推行前，记录原始状态				
2	整理 整顿 清扫 清洁 节约 安全	区域规划，划分工作区域、安全通道、物品堆放区、消防器材等				
		确定需要和不需要物品分类，清除出工作区域				
		制作标识标签				
		制定生产现场地板、墙壁、工具架、设备表面、文件柜、操作台清扫清洁标准，例行清扫时间安排				
		过期粘贴物、标识清理				
		设备锈蚀部分进行除锈补漆处理（补漆部分形状要规则、颜色与原色相同）				
		开展危险预知训练（KYT）				
		设备、工具、标准维修流程制度、标识				
		点检位大脚印、点检点标签数量整理完整				
3	素养 宣传 总结	推行前期宣传稿一篇				
		点/巡检看板内容编制、初步排版完成				
		推行中期宣传稿件一篇				
		后期 PPT 总结				

图 6-27　机动队员工 7S 培训

表 6-20　主提升机绞车房 7S 管理推行措施

序号	项目	措施	备注
1	设备本体、底座、附属设施防腐油漆	对设备本体进行刷漆、设备底座刷黄黑相间油漆、钢丝绳托架刷黄色油漆	
2	钢丝绳托架进行整改	托架重新焊接，刷黄色油漆。 底座刷黄黑防撞线。 顶端吊悬挂限高标识	
3	设备张贴标识	设备铭牌内容包括各专业设备主人	
4	设备点检、设备“五定”润滑图上墙	制作设备点检看板、设备五定润滑图，安置于现场	
5	防撞、禁止靠近、引导	设备底座刷黄黑相间油漆，设备附近刷黄色油漆，通道两侧刷黄色油漆作为警示	
6	除锈、防腐	设备钢结构进行除锈、防腐	
7	危险预知训练(KYT)	按4R训练法开展危险预知训练(KYT)	
8	编写技术规范	规范经审核后指导具体工作	

六、实施效果

(1) 主提升机绞车房7S管理样板区构建前后照片对比如图6-28所示。

(a) 绞车房外整改前　(b) 绞车房外整改后

(c) 绞车房内整改前　(d) 绞车房内整改后

图 6-28　主提升机绞车房 7S 整改前后对比

(2) 煤矿对主提升机绞车房 7S 管理样板区构建进行严格评比检查。如表 6-21 所示。

表 6-21　主提升机绞车房 7S 管理样板区检查评比表

样板区：　　　　　　评委：　　　　　　　　　　　　　日期：

序号	评比内容	评价标准					评比得分
		很差	不及格	及格	良好	优秀	
1	样板区的难度	十分容易	较容易	有难度	难度大	难度极大	
		5 以下	5～6	6～8	8～9	9～10	
2	现场管理状态	有垃圾杂物	无垃圾无杂物	无明显脏污清扫干净	长期顽垢清除较彻底	干净整洁隐蔽处无尘	
		6 以下	6～7	7～8	8～9	9～10	
		杂乱无章	进行摆放个别不整齐	摆放整齐	摆放整齐清点容易	管理要求清晰	
		6 以下	6～7	7～8	8～9	9～10	
		无标识	个别无标识	全部有标识	标识清楚	标识清楚美观，并进行颜色管理	
		6 以下	6～7	7～8	8～9	9～10	
		物品无定位	定位不完全	物品全部定置定位	物品定位,但是取用不方便,布局不够合理	物品定位定置,布局合理,取用快捷	
		6 以下	6～7	7～8	8～9	9～10	
3	总体改善效果	没什么改变	有变化但不明显	有变化不够完善	有明显变化效果不错	变化巨大值得推广	
		9 以下	9～10.5	10.5～12	12～13.5	13.5～15	
4	看板内容	不具可操作性、实用性	有一定可操作性、实用性,内容一般	有一定可操作性、实用性,内容较丰富	可操作性、实用性较强,内容丰富,有创意	可操作性、实用性强,内容较丰富,创意新颖,可推广	
		6 以下	6～7	7～8	8～9	9～10	
5	推行中员工创意	没有什么创意	有动手制作改变原有状态	有创新,效果尚有待完善	创意较实用,制作不够精致	很实用、新颖、美观、利于维持	
		6 以下	6～7	7～8	8～9	9～10	
6	评比过程解说	基本没有讲解	只是做了工作介绍	能够说出大部分改善内容	能够把改善内容说完整	表达清晰,对 7S 管理理解到位	
		3 以下	3～3.5	3.5～4	4～4.5	4.5～5	

表 6-21(续)

序号	评比内容	评价标准					评比得分
		很差	不及格	及格	良好	优秀	
7	推行工作管理	行动缓慢,会议不准时	较配合,但完成工作不及时	基本按时完成改善工作	主动参与改善积极投入	按要求完成工作,并超过标准	
		6 以下	6～7	7～8	8～9	9～10	
总分		60 以下	60～70	70～80	80～90	90～100	
创意或亮点加分(每处加 1 分)							
存在问题及改善建议							

七、总结推广

主提升机绞车房 7S 管理样板区的构建打造,改善了绞车房的工作环境,提高了工作效率,提升了员工素养,保证了安全生产,此样板区的构建方法和取得的效果在整个煤矿具有较强的推广价值。

第七节　某选煤厂选煤车间样板区构建

一、现场诊断

经过公司 7S 管理推行小组现场诊断,选煤车间主要存在的问题有:

(1) 选煤车间选煤机、筛分机存在跑冒滴漏现象。

(2) 缺少必要的标识及安全提示牌板。

(3) 设备点检制度不规范。

二、资格评审

选煤车间是选煤厂的核心车间,主要选煤设备设施相对比较集中,存在的问题是选煤厂的共性问题,有一定的代表性,在该车间推行 7S 管理样板区构建,具有十分重要的意义。

三、7S管理推行方案

按照前期现场诊断，制订了选煤车间7S管理样板区构建推行计划，限定60天完成，同时做好定点摄影、预算、宣传总结等工作。选煤车间7S管理推行方案如表6-22所示。

表6-22　选煤车间7S管理推行方案

<table>
<tr><th>序号</th><th>计划项目</th><th>具体内容</th><th>完成时间</th><th>费用预算</th><th>负责人</th><th>备注</th></tr>
<tr><td>1</td><td>定点摄影</td><td>在项目推行前，记录原始状态</td><td></td><td></td><td></td><td></td></tr>
<tr><td rowspan="5">2</td><td rowspan="5">整理
整顿
清扫
清洁
节约
安全</td><td>现场环境：
地面干净整洁，应做到四无；设备做到干净整洁，无油污，无杂物；
地面应平整，无缺损；
墙面要干净整洁，无手印、脚印、油污；
照明设施和应急设施完好</td><td rowspan="3"></td><td rowspan="3"></td><td rowspan="3"></td><td></td></tr>
<tr><td>平台护栏：
栏杆高度为1 050 mm，并在底部加不低于200 mm的挡板；
平台栏杆应无缺损、无凹陷凸起，焊接牢固</td><td></td></tr>
<tr><td>管道、阀门：
管道颜色应为规定颜色，管道表面整洁无污渍；
管道外观完整，部件完好无缺；
管路阀门法兰无跑冒滴漏现象，设备无缺陷；
阀门外观完整，标识清晰、齐全、准确</td><td></td></tr>
<tr><td>设备：
设备外观完整见本色；
部件完好无缺损、变形，位置无偏移；
设备无跑冒滴漏现象，无缺陷；
设备无积尘，无污渍；
设备标识应清晰、齐全、准确</td><td rowspan="2"></td><td></td><td rowspan="2"></td><td></td></tr>
<tr><td>工器具室、会议室桌椅摆放整齐，资料定位管理</td><td></td><td></td></tr>
<tr><td rowspan="4">3</td><td rowspan="4">宣传
总结</td><td>撰写前期宣传稿一篇</td><td></td><td></td><td></td><td></td></tr>
<tr><td>对员工进行7S管理宣传</td><td rowspan="3"></td><td></td><td rowspan="3"></td><td></td></tr>
<tr><td>将7S管理逐步纳入日常管理之中</td><td></td><td></td></tr>
<tr><td>后期PPT总结，文稿总结</td><td></td><td></td></tr>
</table>

四、7S 管理推行培训

选煤车间 7S 管理样板区打造构建初期，公司对选煤车间全体员工进行了为期 3 天的 7S 管理技能培训，培训现场如图 6-29 所示。

图 6-29　选煤车间 7S 管理推行培训

五、实施措施

根据现场诊断发现的问题，制定了 7S 整改措施。如表 6-23 所示。

表 6-23　选煤车间 7S 管理整改计划措施

序号	项目	措施	完成时间
1	现场环境	厂房北侧楼梯口设置应急通道标识，每个楼梯口设置安全通道标识，安全通道口做防止阻塞线；设备 0.5～1 m 周围处设置安全警戒线；地面有 100 mm 高落差时设置防绊线；高度在 1.5～1.8 m 的平台应设置防碰线；做地面常用区域线	
2	平台护栏	除不锈钢栏杆外，其他栏杆颜色为黄黑相间斑马线；在第一台阶和最后一台阶设置防绊线和防踏空线；高度在 1.5～1.8 m 的平台应设置防碰线	
3	设备	设备标识应包括设备编号、名称、转向、点检等；标识应标在醒目位置；在设备周围参照现场环境标准做设备安全警戒线；在联轴器防护罩上标识设备旋转方向(检修)	
4	管道、阀门	大于 ϕ100 mm 管道要有目视化标识，标识尺寸参照管道标识标准；管道标识应标明管道名称，来向设备和去向；横向管道 6 m 一个标识，不够 6 m 标在中间位置；竖向管道在地面以上 1.2 m 处标识，不够 1.2 m 标在中间位置	
5	溜槽	溜槽按规定刷漆，观察口增加标识	

表 6-23(续)

序号	项目	措施	完成时间
6	库房	库房备品备件应保证干净整洁，无生锈；备品备件按规定定期保养，保证备件的性能良好，状态可用；橡胶制品不能与油和腐蚀性物品放在一起，要避免风吹日晒和雨淋；库房应按照规定设置灭火器；货架应按照类别功能划分区域，标识清楚，定量管理和相关责任人	
7	电缆	电缆桥架内的电缆整理清洁，补齐电缆标识	
8	标识	增加安全及警示标识	
9	牌板	现场增加安全、警示、点检等牌板	

六、实施效果

选煤车间通过为期两个月的7S管理样板区打造，车间现场选煤机、筛选机等设备得到较大程度的改善，提高了生产效率，保障了安全生产。

(1) 选煤车间7S整改现场效果对比，如图6-30所示。

(a) 选煤车间整改前　　(b) 选煤车间整改后

图 6-30　选煤车间整改前后对比

(2) 厂房整改前后对比，如图6-31所示。

(3) 主洗车间工具箱7S整改后效果，如图6-32所示。

(4) 溜槽。车间内所有溜槽进行刷漆防锈处理，张贴观察口名称及警示标识，整改前后对比如图6-33所示。

(5) 车间内钢结构柱脚清洁整改，整改前后对比如图6-34所示。

七、总结推广

自推行7S管理以来，选煤车间针对7S诊断发现的问题，扎实推行了7S样板区的打造工作，员工精神面貌焕然一新，形成了良好的工作习惯，工作场所井然有序，现场环境大为改善，保证了安全高效生产，为全面推广7S管理积累了宝贵的经验。

(a) 厂房整改前　　　　(b) 厂房整改后

图 6-31　厂房整改前后对比

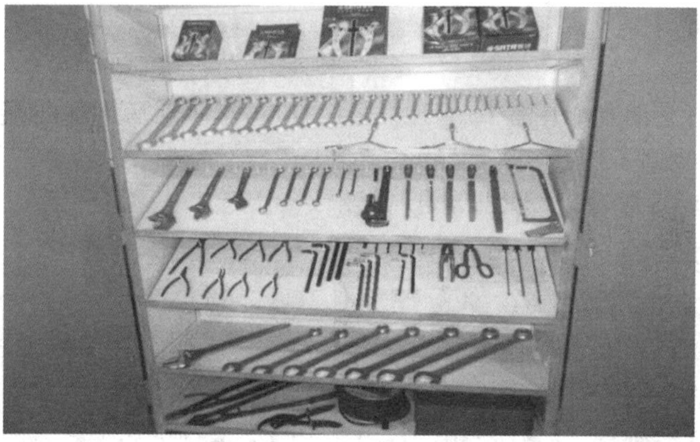

图 6-32　主洗车间工具箱

(a) 溜槽整改前　　　　(b) 溜槽整改后

图 6-33　溜槽整改前后对比

(a) 柱脚整改前

(b) 柱脚整改后

图 6-34　设备柱脚整改前后

第八节　某煤矿区队班组样板区构建

一、现场诊断

某煤矿7S管理推行小组对连采队检修班7S班组样板区进行现场诊断，发现主要存在以下问题：

(一) 内业方面

(1) 班组建设内容丰富，涉及面广，生产任务较重时，班组会议不能按时召开，记录存在不完善现象。

(2)班组建设的相关制度不完善，需进一步细化，以适应现场。

(二) 现场方面

(3) 生产过程中，物料、备件、工具存放存在不合理现象。

(4) 班组库房工器具、材料随意堆放、管理混乱。

(5) 移变硐室文明生产差，缆线吊挂乱，标识不清。

(6) 管路、设备表面污渍、积尘多。

二、资格评审

检修班是连采队的主力班组，主要负责设备检修、掘进支护、文明生产、后勤保障等工作。检修班所存在的问题是煤矿区队班组的共性问题，将该班组作为7S管理推行样板区，具有十分重要的意义。

三、推行方案

按照前期现场诊断，煤矿制定了 7S 班组样板区推行计划方案，限定完成时间，确定责任人，明确工作要求。某连采队检修班 7S 班组样板区推行方案如表 6-24 所示。

表 6-24　某连采队检修班 7S 班组样板区推行方案

序号	计划项目	具体内容	完成时间	费用预算	负责人	备注
1	动员大会	建立目标体系，实施动员，得到大多数人员认同				
2	整理 整顿 清扫 清洁 安全 节约	7S 班组样板区域划分，划分内业管理、开展活动、现场实施等				
		确定必需品和非必需品，进行分类，非必需品清除出工作区域				
		合理布置班组活动室				
		班组建设记录本进行优化整合，分类、编号存放				
		清理班组库房，分类、分层、编号管理				
		连采设备划定区域、制作标识标签，对风筒、皮带架进行编号管理				
		工作面现场工具箱、材料架、牌板等制作统一标准，合理摆放，在一周内清扫完毕				
		设备、管路等锈蚀部分，先除锈后补漆处理（补漆部分现状要规则、颜色与原色相同）				
		移变硐室划定区域、制作标识，设置检修通道、点检区域				
		提高班组人员业务技能，定期开展专项培训				
3	素养 形成 总结 推广	推行前期动员宣传稿一篇				
		推行期间针对问题阶段总结				
		将 7S 管理纳入班组日常管理中				
		PPT 总结并逐步向其他班组推广				

四、7S 管理推行培训

某连采队检修班打造 7S 管理样板区期间，多次召开 7S 管理样板区构建推行会，并组织全班人员参加公司 7S 管理技能培训。如图 6-35 所示。

(a) 7S管理推进会

(b) 7S管理培训

图 6-35　7S 管理推行培训

五、实施措施

针对某连采队 7S 班组存在的问题，制定了具体整改措施，如表 6-25 所示。

表 6-25　具体整改措施

序号	项目		措施
1	内业	深入交流 7S 管理经验	公司多次组织 7S 培训，汇总经验、方法
2		优化记录本，分类、编号存放	多本记录整合成一本综合记录，归类存放，编号管理
3		细化提升班组建设内容	编制“五型”班组建设工作手册
1	现场	班组活动室重新布置	力求简洁大方
2		班组库房整理整顿	分类，定位，定量
3		设备、管路除锈防蚀	设备管路锈蚀部分，先除锈后补漆处理(补漆部分现状要规则、颜色与原色相同)
4		工作面组合工具箱、材料架改造	重新加工，分格分类
5		工作面设备张贴反光警示标识	使用红、黄相间反光纸进行警示
6		移变硐室划定区域、规范管理	设置检修通道、点检区域
7		破碎机处设置安全警戒线	使用废旧钻杆加工栅栏并贴红、黄相间反光纸

六、实施效果

通过为期 3 个月的 7S 管理样板区打造，班组内业资料分类归档，活动室、库房布局合理，井下工作现场整洁有序，作业环境得到了较大程度的改善，提高了生产效率，保障了安全生产。效果如下：

（1）活动室整体布置对比效果，如图 6-36 所示。

（a）整改前　　（b）整改后

图 6-36　活动室整体打造前后对比图

（2）通过全面开展班组标准化建设，规范管理要求，对班组内业资料优化整理，提高了班组管理效率，制定了《“五型”班组建设工作手册》如图 6-37 所示。

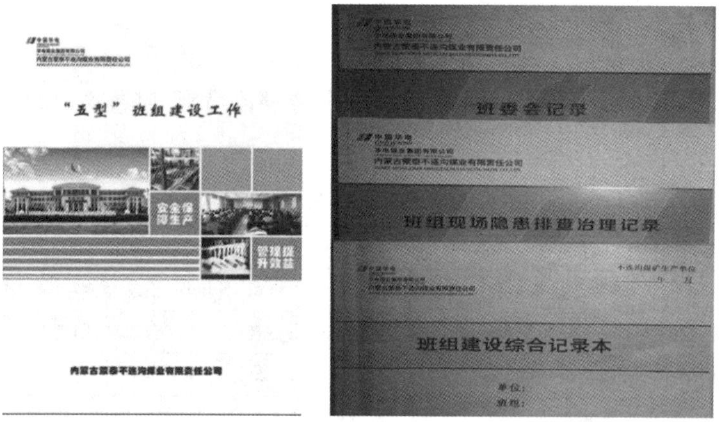

（a）“五型”班组建设工作手册　　（b）班组内业资料

图 6-37　“五型”班组建设工作手册

（3）文件柜整改效果，如图 6-38 所示。

（4）班组活动室看板，如图 6-39 所示。

(a) 整改前　　　　(b) 整改后

图 6-38　班组文件柜整改前后对比图

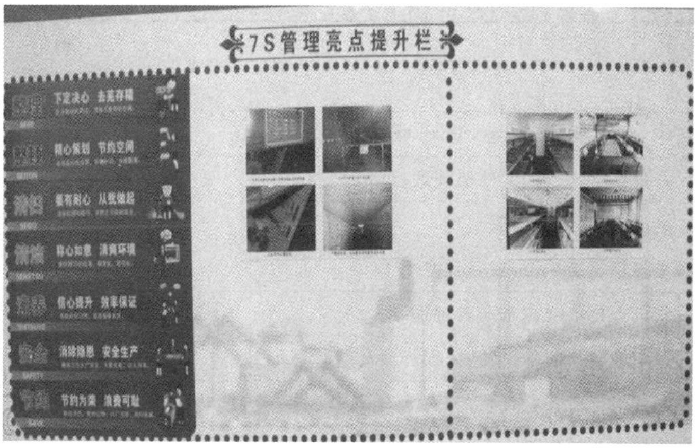

图 6-39　7S 管理亮点提升看板

第九节　某公司财务部办公室样板区构建

一、现场诊断

某公司 7S 管理推行小组通过对财务部办公室现场诊断，发现存在的问题有：

(1) 办公室整体布局不合理。

(2) 各电源线、网络线、数据线、电话线等布线不规范。

(3) 桌面办公用品随意摆放，未定置管理。

(4) 柜内文件存放杂乱，查找困难。

(5) 办公室未设置管理看板和员工去向牌。

(6) 未设置财务相关工作制度和流程图。

（7）文件柜未定置摆放，无标识。

二、资格评审

财务部日常工作各类数据报表繁多，存在的问题也是其他部门共性问题，选择财务部作为7S管理样板区构建，对公司办公区域全面推行7S管理更具有代表性和指导性。

三、7S管理推行方案设计

公司制订了财务部7S管理样板区构建计划方案，如表6-26所示。

表6-26　办公室7S管理推行方案设计

序号	计划项目	具体内容	完成时间	费用预算	负责人	备注
1	定点摄影	在项目推行前，记录原始状态。				
2	整理 整顿 清洁 清扫 安全 节约	办公桌、办公椅、文件柜等进行划分				
		桌面整理（“三定”原则）				
		文件柜明确标识，做好目视化				
		制订办公室清扫基准表				
		过期或破损的粘贴物、标识清理及更换				
		制定卫生清扫检查表，巩固7S管理成果				
3	素养总结	前期宣传稿一篇				
		每日5分钟7S活动				
		后期PPT总结				

四、7S管理推行培训

负责财务部样板区打造的全体成员，经过7S管理指导老师为期三天的7S管理培训后，内部再次进行现场推行培训会，对现场诊断中存在的问题进行分析，提出改善措施。7S管理培训见图6-40。

五、实施措施

根据现场诊断发现的问题，财务部制定了具体改造措施，如表6-27所示。

图6-40　7S管理培训

表6-27　财务部办公室7S管理整改措施

序号	项目	措施	备注
1	办公桌	清除桌面非必需品，必需品摆放整齐	
		按照“三定”原则规整桌面物品	
2	电脑桌面	桌面文件图标设置合理	
		电子文档的分类、归整	
3	文件柜	根据办公室空间进行文件柜摆放，合理方便	
		制作文件柜标识牌，各层类别清晰编号	
		文件柜内文件标识清晰，方便查找	
4	管理制度	制定内部办公室7S管理标准	
5	素养	日清日毕，每天5分钟整理整顿，形成习惯	

六、实施效果

1. 办公桌桌面

办公桌面确定摆放必需品，清除非必需品，原则上只摆放五层柜、文件夹、办公电脑、计算器、电话、笔筒、水杯，如图6-41所示。

2. 电脑桌面管理

电脑桌面图标放置合理，不超过20个；电子文档夹定期自行清理，需要留存的电子文档进行分类，查找方便，电脑桌面图标整理见图6-42。

3. 文件资料管理

文件资料管理应以取用方便为原则，各种资料应有文件盒或文件夹，放置于文件柜内，文件盒应有目视化管理。如图6-43、图6-44所示。

图6-41 工位摆放实例

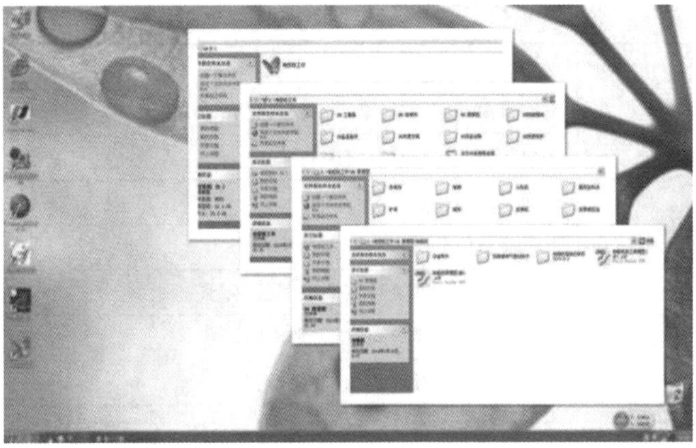

图6-42 电脑桌面图标整理

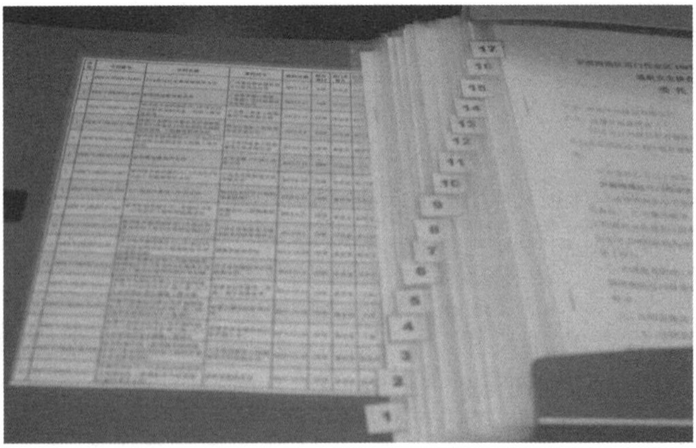

图6-43 文件资料管理实例

图 6-44　文件资料盒实例

4. 文件柜、抽屉柜

文件柜的摆放应整体规划，尽可能靠墙定置摆放，柜内物品分类放置，摆放整齐，文件柜顶部禁止放置其他物品。文件盒应设置标签，标签内容包括企业 LOGO、公司简称、部门简称、责任人、资料类别等信息。有标签卡槽的应置于标签卡槽内，无标准卡槽的应置于同一位置。柜内文件盒、抽屉柜进行目视化或形迹化管理，如图 6-45、图 6-46 所示。

图 6-45　文件盒标识

财务部办公室 7S 管理样板区构建打造，改善了办公室环境，提高了办公效率和员工工作的积极性，为公司全面推行办公区域 7S 管理奠定了基础。

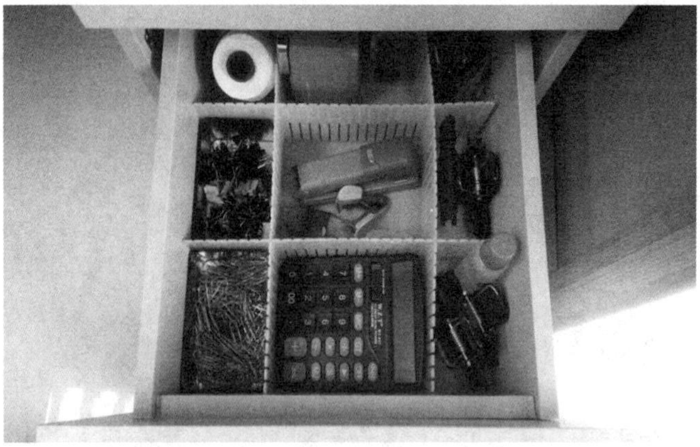

图6-46　抽屉柜分隔实例

第十节　某公司＃1卸船机样板区构建

一、现场诊断

某公司7S管理推行小组成员深入现场，对＃1卸船机区域进行7S管理现场诊断，发现了一系列存在的问题，见表6-28。

表6-28　＃1卸船机现场诊断表

序号	检查项目	存在问题
1	地面	机器房、电气房内有少量垃圾、杂物、油污
2	区域线、定位线	机器房内区域无划分及画线
3	标识牌	缺少设备标识牌、点检指导、安全警示牌
4	工具	工具随意乱放，破损的工具掺杂其中
5	设备	机器房内减速机、液压油管存在脏污，滴漏现象
6	司机室操作台	司机室内有部分“不要”的物品及少量脏渍
7	储物柜	司机室储物柜有油渍等脏污，柜内物品放置凌乱，无标识
8	清扫用具	清扫用具脏污，不齐全，随处乱放

二、资格评审

为改善港口机械设备的运行状况及提升员工管理水平，经过公司7S管理推行小组研究决定，在港口机械中选择＃1卸船机作为7S管理样板区。

三、7S 管理推行方案

7S 推行办公室制订了＃1 卸船机 7S 管理推行方案，如表 6-29 所示。

表 6-29　卸船机 7S 管理推行计划表

序号	计划项目	具体内容	完成时间	费用预算	负责人	备注
1	定点摄影	在 7S 推行前，记录原始状态				
2	整理 整顿 清扫 清洁 节约 安全	设备巡检通道、各设备区域、巡检工器具划定区域				
		清除卸船机上其他多余物品				
		制作安全警示、提示、禁止标识牌，挂于相关区域				
		根除现场污染源，处理减速机、各油管的滴漏缺陷				
		清除设备污渍、过期广告牌、破损标识更换				
		外部楼梯踏板、护栏锈蚀部分，先进行除锈补漆处理（补漆部分形状要规则、颜色与原色相同）				
		开展危险预知训练（KYT）				
		制订设备清扫基准				
		打造清扫可视化改善，制作设备巡检指导牌、润滑“五定”牌				
3	素养总结	推行前期宣传稿一篇				
		日清日毕，养成习惯				
		后期 PPT 总结				

四、7S 管理推行培训

由 7S 管理咨询公司老师对＃1 卸船机样板区推行小组的 12 名成员开展为期一天的 7S 管理培训（如图 6-47），针对现场诊断中存在的问题进行剖析，讲解改善措施，演示油漆涂刷的操作方法，讲授设备巡检、点检知识。

五、实施措施

根据＃1 卸船机现场诊断发现的问题，公司制定 7S 具体整改措施，如表 6-30 所示。

图 6-47　7S 管理现场培训

表 6-30　♯1 卸船机 7S 管理推行措施

序号	项目	措施	备注
1	制作安全标识	楼梯栏杆本体刷中黄色油漆，扶手处刷黄黑间隔线	
		防止踏空线应采用中黄色油漆标注在楼梯的第一级和最后一级台阶上	
		减速机、电机、制动器设备地脚螺栓画防松动标识	
2	减速机、电机等设备缺陷处理	现场设备跑、冒、滴、漏缺陷处理	
3	制作设备名称牌	制作设备名称牌，张贴于与设备相对应位置	
4	制作各类指示牌	制作设备五定润滑图，挂与机器房内	
		制作巡检路线形迹、巡检标准指导看板，挂于机器房内	
		制作变压器倒闸操作流程图，张贴于开关柜面上	
5	基础设施刷警示线	现场基础设施刷黄黑相间防撞、防碰、防绊油漆警示线，做好警示	
6	设备除锈刷漆	卸船机通道踏板、护栏、及其他钢结构，腐蚀生锈进行打磨刷漆	
7	危险预知训练（KYT）	按照 4R 训练法开展危险预知训练（KYT）活动	

六、实施效果

（1）通道护栏等先除锈、防腐，再刷中黄色油漆及防踏空线，见图 6-48。

（2）卸船机供水水箱进行目视化整改，改造前后对比如图 6-49 所示。

（3）卸船机主小车进行目视化打造，整改前后对比如图 6-50 所示。

（4）卸船机供水水泵进行目视化打造，整改前后对比如图 6-51 所示。

（5）卸船机机房通过 7S 管理整理、整顿目视化管理，改造效果如图 6-52 所示。

（a）通道护栏整改前

（b）通道护栏整改后

图 6-48　通道护栏整改前后对比

（a）水箱整改前

（b）水箱整改后

图 6-49　水箱整改前后比对

（a）

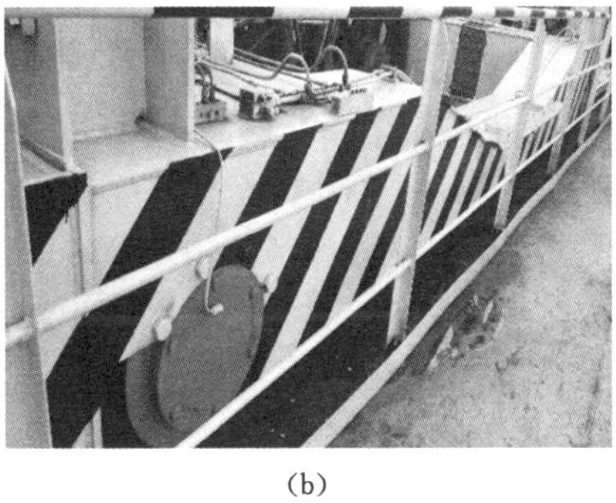
（b）

图 6-50　卸船机主小车整改前后对比图

(a) 水箱供水系统整改前　　(b) 水箱供水系统整改后

图 6-51　卸船机水箱供水系统整改前后对比

图 6-52　卸船机机房改造效果

七、总结推广

♯1 卸船机通过 7S 管理样板区打造，取得良好的效果。充分利用 7S 管理打造方法，对卸船机现场警示标识、区域划分、设备点检、巡检标准等方面进行系统整改，大幅度提升了卸船机运行管理水平，对公司全面推行 7S 管理具有十分重要的指导意义。

第七章　7S管理制度保证措施

第一节　煤炭产业推行7S管理的指导意见

推行7S管理是××集团的一项重要举措，是煤炭产业实现安全生产、改善现场作业环境、提高设备水平、降低生产成本、塑造企业良好形象的有效抓手。以下是某集团公司制定的《关于煤炭产业推行7S管理的指导意见》，以指导集团公司煤炭企业7S管理推行工作。

某集团公司文件

关于煤炭产业推行7S管理的指导意见

各有关单位：

为进一步提升煤炭产业专业化管理水平，夯实煤炭产业发展基础，集团公司决定在煤炭产业推行以“整理、整顿、清扫、清洁、素养、安全、节约”为内容的7S管理。现结合集团公司煤炭产业实际情况，提出以下指导意见。

一、推行7S管理的重要意义

7S管理是集团公司在学习借鉴国内外知名企业普遍运用的5S或6S管理精髓基础上实现的管理方法创新。推行7S管理是集团公司全面深化改革、实现基层“强基”的重要战略部署，已在公司系统电力企业试行并取得了很好的经验和效果。集团公司的煤炭产业从无到有，不断发展壮大，在管理上建章立制，形成了涵盖前期、基建、生产和安全等方面的较为完善的制度体系；以安全质量标准化建设为抓手，把安全质量标准化建设与安全隐患排查、班组建设、安全文化建设紧密结合在一起，构成了煤炭产业安全发展的基石。煤炭产业的 7S 管理是安全质量标准化现场管理的具体化，是加强班组建设和企业安全文化建设的有力保障。学习电力企业 7S 管理经验，在煤炭产业推行 7S 管理，是落实集团公司深化改革工作部署，实现煤炭产业专业化管理和精益化管理的需要，对于进一步提升安全质量标准化建设水平，创建一流企业具有重要作用。

二、指导思想

以科学发展观为指导，坚持安全和可持续发展，以管理创新为发展动力，以创造价值为目标，建立煤炭产业安全和高效发展长效机制。全力打造具有企业特色的煤炭产业精益化管理文化，为把集团公司建成世界一流的企业集团做出贡献。7S 管理的最终目标是实现煤炭产业精益化管理，提升安全质量标准化建设水平，创建星级安全煤矿，建立安全生产长效机制。

三、总体目标

近期目标：利用一年时间，选择肖家洼煤矿、白芦煤矿、福建华电储运有限公司 3 个基层企业作为试点单位，完成 7S 管理在试点基层企业的导入和推行，使试点基层企业管理基础不断夯实、设备管理水平显著提高、现场管理明显改善、员工素养持续提升，形成一套完整的推行 7S 管理的标准、规范和制度，为全面在煤炭产业推行 7S 管理提供经验。远期目标：在煤炭产业全面和深入推行 7S 管理，建立煤炭产业安全和高效发展的长效机制，把煤炭产业的企业文化融入集团企业文化中，实现煤炭产业作业环境安全可靠、生产指标对标一流、管理水平行业领先、经营能力不断提升、员工素质持续提高、企业形象大幅提升。

四、推行原则

（一）试点引路、全面推行。规划试点先行，典型引领，重点做好样板的打造，以点带面，促进 7S 管理在煤炭产业全面推行。

（二）领导主抓、全员参与。领导高度重视是成功关键，全员参与是成功保障。领导以身作则，员工积极主动参与，齐心一致、全力推行。

（三）标本兼治、重点突出。煤炭产业的设备、环境和人员管理是治理的根本，从设备管理、环境治理和人员操作、制度执行等重点方面存在的缺陷入手，改善作业环境，强化设备管理，规范标准操作，提升管理水平，做到重点突出，标本兼治，实现人员安全、设备安全、环境安全。

（四）实现价值、不断改善。建立以实现价值为导向的 7S 管理的长效机制，持续提升煤炭产业的管理水平。

五、工作安排

7S管理推行工作分为以下三个阶段：

（一）试点阶段（2015年2月—2015年12月）

1. 工作安排：集团公司于2015年2月份，召开煤炭产业推行7S管理试点工作座谈会，确定试点的基层企业；3月下旬，在肖家洼煤矿召开推行7S管理现场推行会。二级单位于3月末制订并印发试点方案，试点单位落实方案，按照方案开展7S管理的试点推行工作。

2. 阶段目标：2015年3月31日之前，集团公司完成推行7S管理的动员和试点单位管理人员的培训工作。二级单位于4月1日～4月30日，完成督导师的培训工作和任务分工，确定基层企业7S管理示范区和示范班组，并在示范区和示范班组开展推行7S管理活动；5月1日～6月30日，完成7S管理现场标准、规范和制度的制订工作；7月1日～8月31日，完成7S管理现场标准、规范和制度的试行工作，制订并印发7S管理的考核办法。集团公司牵头于9月1日～10月31日，结合标准、规范和制度的试行情况，审议完善标准、规范和制度，形成集团公司推行的标准、规范和制度；11月份，对试点单位推行7S管理工作成果进行验收，召开先进典型经验推广现场会；12月份，编制2016年7S管理的推行计划和方案。

（二）推行阶段（2016年1月—2016年12月）

1. 工作安排：1月1日～11月30日各单位结合企业实际情况，全面落实7S管理推行计划；二级单位做好推行过程的检查、指导、总结和评价工作；集团公司做好推行过程的经验总结、推行和选树典型工作，并将7S管理纳入企业绩效考核和星级煤矿考评；2016年12月份，查找不足，总结经验。

2. 阶段目标：

（1）作业现场规范整洁，管理基础更加夯实：生产现场整洁有序，安全防护设施完善，目视化管理到位；地面生产车间、办公环境、两堂一舍干净整洁，物资管理规范；管理机制进一步完善，管理流程进一步优化，制度能够有效落实和执行。

（2）设备管理水平提升：设备跑冒滴漏现象显著减少、设备故障率降低、设备可靠性提高。

（3）员工素养大幅提升：员工工作行为规范，危险源辨识能力强，制度执行力强，精神面貌好，作业自保和互保能力提高，团队向心力增强。

（4）安全风险预控能力增强：实现人安全可靠，不论在何种作业环境和条件下，都能按规程操作，杜绝“三违”，实现个体安全。实现物安全可靠，不论在动态过程中，还是静态过程中，物始终处在能够安全运行的状态。实现系统安全可靠，在日常生产中，不因人的不安全行为或物的不安全状况而发生事故，形成“人机互补、人机制约”的安全系统。企业制度规范、管理科学，培训教育到位，杜绝管理失误，生产中实现零缺陷、零事故。

(5)降本增效能力增强:各种浪费减少,工作效率提高,修旧利废成效显著,技术革新能力增强,吨煤能耗和材料消耗下降,企业生产成本降低,环保符合要求。

(三)提升阶段(2017年1月以后)

1. 工作安排:2017年1月以后,煤炭产业进入7S管理常态化管理阶段,做好7S管理成果的保持、巩固,不断丰富和创新7S管理内容,实现7S管理的深化和提升。

2. 阶段目标:煤炭产业基础管理扎实、管理创新能力增强、管理理念和管理方式与国内外同行业先进企业接轨;企业盈利能力、竞争能力、可持续发展能力有效提升;基层企业7S管理全面达标。

六、管理职责

按照集团抓总、二级单位做实、基层企业强基的原则,在煤炭产业推行7S管理过程中,集团做好整体管控,二级单位抓好所属基层企业推行工作,基层企业根据部署要求有序开展工作。

(一)集团公司:负责煤炭产业推行7S管理的整体策划、指导、监督,组织启动和培训,推行过程中总结经验、发现典型并推行,将7S管理工作纳入对二级单位绩效考核和星级安全煤矿考评。煤炭产业的7S管理工作由集团煤炭产业部归口管理。

(二)二级单位:负责所属基层企业7S管理推行工作的组织、协调、监督和评价,制订推行方案,建立保障和激励约束体系,将7S管理推行工作纳入对基层企业绩效考核和星级安全煤矿考评;负责所属基层企业7S管理常态化管理的监督、检查、评价工作。

(三)基层企业:作为7S管理推行的主体,根据上级公司的统筹安排,成立组织机构、制订并实施工作方案;开拓思路,创新机制,积极协助集团公司制定和完善7S管理的标准、规范和制度;建立7S管理的奖惩机制,动员和要求广大员工积极主动按照7S管理的标准和要求进行管理和作业;开展7S管理先进班组和先进个人评选活动,深入推行7S管理全面展开。

七、工作要求

(一)做好动员、提高认识。各单位要提高对7S管理重要性的认识,将其作为一项需要长期坚持的工作来抓;通过多种形式的宣传培训,让全体员工统一思想,充分认识7S管理的意义和作用;通过样板区的打造让员工看到7S管理带来的巨大变化,坚定员工推行7S管理的信心和决心;通过简报、管理看板等多种方式展示7S管理带来的成果改善和工作动态,为推行工作营造良好氛围;通过7S管理,养成良好的工作习惯,最终形成包含7S管理理念、具有煤炭特色的企业文化。

(二)成立机构、明确任务。二级单位和基层企业要成立由主要负责人任组长的7S管理推行领导小组,成立推行办公室,负责7S管理的推行工作;要深入调研、精心策划,制订符合企业实际的工作方案,明确责任人和节点目标,协调配置各类资源,统筹安排好推行工作。在建项目一方面要将7S管理理念运用到工程建设当中,另一方面也要按7S管理技术规范建设安全设施、生产现场、库房、办公楼、工具间等,尽可能减少投产后的“整理”和“整顿”工作。7S管理的标准、规范和制度要与煤矿安全质量标准化制度和标准高度融合统一,体现出煤炭产业精益化管理要求。

（三）有奖有罚、加强管控。各单位要建立有效的激励机制,营造良好的推行氛围。二级单位要建立指导、巡视和督查机制,定期组织参观交流和检查评比,随时解决推行过程中遇到的问题;要按照“抓两头、带中间”的方式,发挥样板企业的辐射带动作用,重点关注困难企业的工作进展;要将7S管理纳入企业绩效考核和星级安全煤矿考评,确保工作有力推行,确保7S管理能够有效提升安全质量标准化管理水平。

（四）完善机制、不断提升。各单位要及时建立常态化管理机制,将7S管理制度和考评机制固化到企业的日常管理工作当中,将其融入安全质量标准化建设工作中,在实践过程中不断总结完善;建立企业管理的持续改善机制,做好7S管理成果的保持、巩固和提升;在7S管理基础上,促进企业管理理念和方法的不断创新,探索和建立具有企业特色的精益化管理文化。

第二节　7S管理推行管理办法

××××公司各个7S管理试点单位,结合本企业实践,制定了严格的7S管理推行管理办法,指导本单位7S管理推行工作。

××××公司7S管理推行管理办法

第一章　总　　则

第一条　为有效推行和持续改进××××公司的7S管理工作,制定本办法。

第二条　7S管理推行应遵循以下原则:

（一）领导重视的原则。企业领导应对7S管理工作给予高度重视和全力支持,有效配置人力、物力、财力等相关资源,并通过会议、誓师大会等方式,坚定推行7S管理的信心。

（二）全员参与的原则。7S管理推行应充分发动群众,全员积极参与,形成7S管理推行的坚实基础。

（三）结合实际的原则。7S管理推行应与企业安全管理、设备管理、文明生产、节能降耗、员工培训等实际工作有机结合,切实起到夯实管理基础的作用。

第三条　本办法适用于公司7S管理推行的日常管理。

第二章　组织与职责

第四条　成立7S管理组织推行机构,并明确工作职责。

（一）推行委员会。

1. 成员构成:公司应设立7S管理推行委员会(以下简称“推行委”),主任由公司总经理担任，副主任由其他公司领导担任，成员为各部门、各单位负责人。一般应指定一名公司领导担任推行委常务副主任。

2. 主要职责：

（1）制定7S管理推行方针和目标；

（2）批准7S管理推行方案及计划；

（3）批准7S管理推行相关制度；

（4）批准7S管理考核评价标准；

（5）为7S管理推行配置必要的资源；

（6）协调解决7S管理推行过程中的重大问题。

（二）7S管理推行办公室。

1. 成员构成：推行委下设7S管理推行办公室（以下简称“推行办”），具体负责7S管理推行事宜。主任由推行委的常务副主任担任，成员由推行具体负责人和公司级督导师构成。

2. 主要职责：

（1）制订推行方案及计划；

（2）组织7S管理宣传教育培训；

（3）编制7S管理工作制度、考核评价标准；

（4）组织7S管理推行过程的监督检查和整改闭环；

（5）组织7S管理督导师培训及取证；

（6）组织召开7S管理工作相关会议；

（7）根据7S管理检查考评情况提出奖惩建议；

（8）向7S管理推行委员会汇报7S管理工作开展情况。

第三章　主要管理活动

第五条　计划管理。7S管理推行采用计划管理，计划制订应考虑合理性、可衡量性、可承受性。推行计划包括年计划、月计划、周计划。

（一）部门编写计划。推行部门/单位编制计划，经部门/单位分管领导审核后报送至推行办公室。

（二）编制汇总计划。推行办依据总体计划，对7S管理推行任务进行分解，对部门/单位上报计划进行补充和调整。

（三）汇总下发。推行办将汇总的各部门/单位计划报推行办主任批准后下发。

第六条　会务管理。7S管理推行工作例会分推行委月例会和推行办周例会两种。主要了解7S管理推行进度，协调解决推行工作中遇到的问题，统一推行思路和标准。

（一）会议内容。

类别	主持	会议主要内容	周期	参加人员	时间
推行办例会	推行办主任	各部门/单位汇报7S管理推行情况及工作计划； 督导师汇报督导过程中发现的问题及闭环处理情况； 推行办主任对推行过程的有关问题进行协调，布置任务，提出整改意见	2～3次/周	推行办成员、督导师、各部门/单位负责人	30分钟
推行委例会	推行委主任或常务副主任	各部门/单位汇报7S管理推行情况及需要协调解决的问题； 推行办汇报推行工作进展情况、下阶段工作安排及存在的问题； 推行委协调解决存在的问题，提出下阶段的工作要求	1～2次/月	推行委成员、推行办、各部门/单位负责人	60分钟

（二）会议要求。

1. 参会人员准时参加会议，因故不能参加例会的应提前向会议主持人请假。

2. 推行办负责编写会议纪要，于次日下发各部门/单位，并在下次例会上检查会议纪要落实情况。

第七条　宣传管理。为营造7S管理推行的良好氛围，应做好7S管理宣传工作。

（一）宣传形式。7S管理的宣传形式灵活多样，内容丰富多彩，可借助会议、网络、征文、竞赛等多种载体进行宣传。

（二）稿件报送。

各部门/单位每周上报稿件1～2篇、改善图片2～4张，上报图片应满足要求。

（三）考核。

稿件和图片一经采用，给予对应奖励：

1. 登载集团公司级媒体平台××元/篇。

2. 登载集团公司二级单位级媒体平台××元/篇。

3. 登载公司级媒体平台××元/篇。

4. 对于未按时间完成报送计划的部门/单位，按照每篇××元的标准处罚。

第八条　过程控制管理。7S管理推行是个动态过程，必须加强过程控制管理和检查督导。

（一）领导督办。领导定期巡查现场，随时了解掌握推行情况，协调解决现场问题，对于重要的节点应进行重点督办。

（二）督导师督导。每周检查督导区域7S管理改善情况，发现问题及时反馈责任区域并提出改进措施。每周对所督导区域进行巡视检查，并提出不少于×项的整改问题，并监督检查问题处理情况。

（三）推行办检查。每周对7S管理区域保持整改情况、周计划完成情况、看板更新情况进行现场检查，并公布检查结果。

第九条　7S管理检查评比详见《7S管理考评管理办法》。

第十条　申斥。检查评比过程中，存在异议时可填报7S管理申诉表，依下列方式申诉：

1. 与检查评价小组进行协调。

2. 由推行办按照公平、公正、公开的原则进行重新核对。

3. 提交推行委裁决。

第四章　附　　则

第十一条　本办法由7S管理推行办公室负责解释。

第十二条　本办法自印发之日起执行。

第三节　7S管理督导师管理办法

企业推行7S管理必须加强7S管理督导师队伍建设，制定切实可行的督导师管理办法，保证7S管理工作的顺利推行。

7S管理督导师管理办法

第一章　总　　则

第一条　为切实加强督导师的选拔、培训和管理，有效发挥督导师在7S管理推行和常态化管理工作中的督导指导作用，制定本办法。

第二条　7S管理督导师是指接受过7S管理专项培训并取得督导师培训合格证书、从事7S管理督导工作的公司内部员工。

第三条　本办法适用于公司内部7S管理督导师的管理。

第二章　组织与职责

第四条　7S管理推行办公室（以下简称“推行办”）负责组织对督导师进行选拔、培训、日常管理监督及考评工作。

第五条　各部门/单位应积极配合督导师的选拔、培训等工作，负责向7S管理推行办公室推荐督导师人选。

第六条　督导师应服从7S管理推行办公室和所在部门的双重领导，其主要职责是：

（一）负责所负责7S管理区域推行过程及常态化管理的现场监督与指导工作。

（二）按时参加推行办及相关部门/单位组织的7S管理相关会议及活动。

（三）及时向推行办负责人和相关部门/单位负责人反馈7S管理推行情况、区域改善情况，并对区域改善情况进行评价。

（四）评估7S管理过程中需要的资源，汇总制订物资需求计划和预算，上报计划并跟踪落实。

（五）负责协调解决区域改善出现的有关问题。

（六）负责收集、整理、上报所负责区域的改善创意。

（七）对7S管理推行工作提出考核建议。

第三章　选拔与培训

第七条　督导师的推荐、选拔应满足以下基本素质要求：

（一）有较强的责任心、工作热情和服务意识。

（二）有较强的执行力和沟通协调能力，

（三）有较丰富的生产技术和管理经验。

第八条　推行办应通过组织内部培训与外部培训、理论培训与实践应用、集中培训与定期培训相结合等多种形式，开展7S管理知识竞赛、辩论赛等各种活动，全面强化对督导师的培训教育。

第九条　督导师集中培训后，应采取有效方式对参与培训人员进行考核评价，对达到培训要求的颁发合格证书。对未达到培训要求的，应重新组织培训或及时调整人员，确保每一位督导师都具备相应的资格和能力。

第四章　管理与考核

第十条　推行期间，督导师应每日至少一次深入现场进行7S管理督导。常态化管理阶段，每周至少三次深入现场，进行7S管理督导。

第十一条　准时参加推行办及相关部门组织召开的各类7S管理会议，未按时参加罚款××元，无故不参加罚款××元/次。

第十二条　督导师应按要求落实所负责区域的7S管理督导工作，对落实及督导不力的督导师视具体情况处罚××～××元/次。

第十三条　推行办应定期组织优秀督导师评比活动，对在工作中表现突出的督导师给予奖励，并可作为年度评先树优的重要依据。

第五章　附　　则

第十四条　本办法由7S管理推行办公室负责解释。

第十五条　本办法自印发之日起实施。

第四节　7S管理激励办法

企业应该建立科学合理的激励机制，提升员工推行7S管理的能动性，推动7S管理工作扎实开展。

7S管理激励办法

第一章　总　　则

第一条　为激发员工在7S管理工作中的积极性和创造性，挖掘员工创新潜能，增强员工改善意识，制定本办法。

第二条　本办法适用于对员工提出的经审核通过或实施效果较好的小革新、小发明、小设计、小建议、小改造的奖励。

第二章　组织与职责

第三条　成立评审小组。由7S管理推行办公室成员构成,具体负责相关"五小"的评审工作。

第四条　员工应遵循7S管理理念,立足工作实际,在7S管理推行和常态化工作中以个人或集体名义,提出"五小"提案。

第三章　管理规定

第五条　"五小"的内容。

凡是有利于整理、整顿、清扫工作开展,工作制度建立完善,能源材料节约,安全生产稳定,工作流程简化、效率提高等方面的内容,均可作为"五小"的内容。包括操作方法的改善、质量的改善、成本的改善、环境的改善、意外事件的防止、安全措施的改善、职业健康安全及其他涉及需要改善的项目等。

第六条　"五小"的提出。

(一)"五小"的提出应填写《7S管理"五小"审查表》。

(二)报告方式。应详细填写必要的事项,若有图标、样本、说明等,应以附件形式附后。

第七条　申报、评审流程。

(一)"五小"提出者填写《7S管理"五小"审查表》。

(二)报告需经本部门负责人进行初步审核,确认其可行性和必要性。

(三)部门负责人初审签字后,转交7S管理推行办公室进行评审。

(四)7S管理推行办公室综合评价后,实施改善活动,并给予提出者奖励并发布。

(五)7S管理推行办公室评价未通过,则进行相关的退稿处理。

第四章　奖励措施

第八条　奖励办法。

提案评审标准如下:

项目	标准说明	分值	得分
动机点	领导指示、他人建议	3	
	急需改善的问题点	5	
	自主地寻求实施机会	5	
创意度	经由他人提示、指导	3	
	参考类似资料后实施	5	
	引用资料并加以改良、修正	6	
	具有独创性和开拓性	8	
胜任力	由本部门协助完成改善	4	
	需要其他部门协助改善	3	
	大部分改善任务由其他部门完成	2	

项目	标准说明	分值	得分
动机点	领导指示、他人建议	3	
	急需改善的问题点	5	
	自主地寻求实施机会	5	
适用性	适用于所有部门	8	
	适用于一些特定部门	5	
	只适用本部门	4	
时间性	自实施之日起2个月内可完成	6	
	自实施之日起2个月以上完成	3	
	不确定	2	
效益性	1万元以下/年	4	
	1～5万元/年	6	
	5～10万元/年	8	
	10万元以上/年	10	
总分为100分		最后得分	

第九条　奖励标准。

奖励等级如下：

级别	分数	奖励标准(元)
一级	90分以上	500
二级	81～90	300
三级	71～80	200
四级	60～70	100

第十条　评比按照公正、公平、公开的原则进行。员工若有异议，可书面或电话向7S管理推行办公室申诉。

第五章　附　　则

第十一条　本办法由7S管理推行办公室负责解释。

第十二条　本办法自印发之日执行。

第五节 7S 管理考评管理办法

一、煤炭企业 7S 管理考评管理办法

煤炭企业推行 7S 管理，必须加强考评考核管理，巩固 7S 管理成果。

煤炭企业 7S 管理考评管理办法

第一章 总 则

第一条 为有效推行和持续提升××××公司 7S 管理工作，构建 7S 管理考评管理长效机制，制订本办法。

第二条 考核内容：7S 管理项目验收评比和常态化检查考评。

第三条 在 7S 管理考评工作中，应坚持做到公平、公正、公开，保证考评标准的一致性、合理性。

第四条 本办法适用于××××公司（包括××××煤矿）的地面及井下区域。

第二章 组织与职责

第五条 7S 管理推行委员会负责审定 7S 管理考评管理办法，审定 7S 管理项目验收评比和常态化检查考评的最终结果，并作出奖惩决定。

第六条 7S 管理推行办公室（以下简称“推行办”）负责制订 7S 管理考评管理办法，组织 7S 管理项目验收评比和常态化检查考评活动，汇总审核考评结果，并提出考核结果兑现方案。

第三章 项目验收评比

第七条 验收程序。

（一）确定项目验收负责人（一般由推行办主任担任）。

（二）评委由 7S 管理推行委员会成员、推行办副主任担任。

（三）参加人员及时间安排。

序号	项目	责任部门/区队	参加验收人员	讲解员	验收时间
1	×××区域	×××部门 /区队	项目所属部门主任 /区队队长、督导师、讲解员	×××	×月×日
…	…				

（四）现场验收时，由项目讲解员讲解，评委现场检查评分，不足之处的改善建议应记录在《区域验收意见表》上。验收结束后，各位评委将评分表交推行办汇总。

第八条 考核与奖罚。

(一) 项目验收考核打分方式采用百分制,总得分为80分及以上视为验收合格。推行办负责对各位评委的打分进行汇总和排序。

(二) 对验收合格的责任部门(区队),视工作难度、打造成果程度予以通报表扬,并给予×××元及以下不等的奖励,并评出7S管理先进部门(区队)奖、7S管理最佳创意奖、7S管理先进个人奖等奖项;对于验收不合格的责任部门(区队),给予×××元及以下处罚,并通报批评。

第四章 常态化检查考评

第九条 检查考评内容包括:7S管理工作计划完成情况、7S管理成果保持情况、7S管理组织管理情况。

第十条 工作计划完成情况考评。对首次未按时完成7S管理工作计划任务的责任部门(区队)处罚×××元,对责任部门(区队)负责人处罚×××元;对在第二次检查时仍未完成工作任务的,在全公司范围内予以报批评并加倍处罚。

第十一条 检查考评机制。

(一) 考核评分依据:地面办公区域7S管理检查评分表;仓库区域7S管理检查评分表;地面生产及辅助区域7S管理检查评分表;井下区域7S管理检查评分表。

(二) 分数计算方法。

1. 由于各区域之间7S管理打造难易程度不等,为客观、公正考核各区域7S管理打造的投入及效果,将设定加权系数。区域的加权系数根据本区域的人数及人员文化程度、区域面积、困难度等差异确定。加权系数应在检查考核前予以公布,各区域的实际状况若发生变化时,加权系数应作及时修正。

2. 计算方法:最终考核得分=(基本考核得分+创意考核得分)×加权系数。

(三) 检查方法及周期。

1. 日常检查,分为内部自查和推行办随机检查两种方式。内部自查由各区域主要负责人或督导师对责任区的7S管理工作进行检查。对于不符合7S管理标准的,应提出整改意见;推行办随机检查时,应对现场检查出的问题做好检查记录,并及时下发整改通知单,限期整改。

2. 定期检查考评,由推行办每月月底组织检查考评。

(四) 考核奖罚。考评得分低于80分的责任区域对责任部门(区队)处罚×××元;对区队(部室)负责人处罚×××元。对未按期完成整改任务的,考核责任部门(区队)负责人×××元/项;对得分在80分及以上的责任区域,视保持难度,评选出前三名,分别给予×××元及以下奖励。

第十二条 组织管理考核。

(一) 推行办成员应按要求参加7S管理相关活动,对无故不参加者给予×××元/次处罚;

(二) 各部门(区队)相关人员要按时参加7S管理相关活动,对无故不参加者给予×××元/次考核;

(三) 奖金应根据参与人员对7S管理工作的贡献进行分配。处罚应根据各责任人在7S管理工作中所承担的责任进行处罚。

附　　则

第十三条　本办法由××××公司7S管理推行办公室负责解释。

第十四条　本办法自印发之日起执行。

二、港口企业7S管理考评管理办法

煤炭港口储运企业7S管理推行考评，参照下列办法执行。

港口企业7S管理考评管理办法

第一章　总　　则

第一条　为有效推行和持续提升××××公司7S管理工作，构建7S管理考评管理长效机制，制订本办法。

第二条　考核内容:7S管理项目检查评比和常态化管理考评。

第三条　在7S管理考评工作中，应坚持做到公平、公正、公开，保证考评标准的一致性、合理性。

本办法适用于××××公司的生产及办公区域。

第二章　组织与职责

第五条　7S管理推行委员会负责审定7S管理考评管理办法，审定7S管理项目验收评比和常态化检查考评的最终结果，并作出奖惩决定。

第六条　7S管理推行办公室(以下简称"推行办")负责制订7S管理考评管理办法，组织7S管理项目验收评比和常态化检查考评活动，汇总审核考评结果，并提出考核结果兑现方案。

第三章　项目打造与考评

第七条　项目打造。

(一)推行办负责7S管理项目的立项，立项时应充分考虑可行性、可操作性和合理性，报推行委审批后，于2日内进行公示。

(二)项目公示后，推行部门/单位应在7日内完成方案的编制，并上会讨论。经本部门通过后报送推行办备案。

(三)部门/单位自行推行的项目，推行办应及时调整或补充计划，并纳入统一管理。

(四)推行办应定期组织7S管理工作会议，及时掌握7S管理推行进度和需要协调解决的问题。

(五)项目完成后，推行部门/单位应进行预验收，不符合要求的，应在公司检查验收前整改完成。

第八条　检查评比。

(一)检查评比时由各项目负责人组成评比小组，对各责任区进行检查评比。为保证公平性，小组成员不参与所属责任区的打分。

(二)检查评比小组应按评分标准表进行打分，存在的问题记录、描述清楚，小组成员检查自己的责任区时，应回避。

（三）为减少直接或者间接因素影响到评比结果，对各评比责任区采用难度系数计算法得出最终分数。

（四）检查评比时间应提前1天公布，明确小组成员、检查时间、路线、要求等。

（五）公司级检查采用各类型区域按比例抽查方式进行。

（六）检查评比时，应对照各个区域相应的7S管理检查评分表逐项评分，并注明存在问题、扣分原因等。评分采用百分制，满分为100分，85分以上（含85分）为及格。

（七）各推行部门/单位应提供有关总结材料，检查组对该材料进行评审打分。

（八）对检查评比中发现需要提升或改善的项目，应及时跟踪落实改进情况，形成闭环管理：

1. 推行办对评分表所列问题进行汇总，将检查评比结果与重点整改问题一并发布，项目负责人按要求整改落实。

2. 对提升难度较大或短时间内难以解决的问题，检查评比小组汇总后向该项目部门负责人反馈，并督促整改落实。

3. 改善项目应在限定期限内完成，如因客观因素不能按时完成，项目责任人须提前申请，推行办同意后方可顺延。

4. 改造后，项目负责人应将整改结果反馈至推行办，推行办须及时组织现场复查。若复查不符合要求，继续改进，直至验收通过。

第四章　常态化管理与考评常态化管理与考评

第九条　部门自查。

（一）各部门需定期开展7S管理内部自查，并将自查结果报推行办。未开展自查的部门，按相关制度进行考核。

（二）自查区域检查：生产区域以7S管理划分区域为检查单位，办公区域以部门为检查单位。

（三）自查频度及自查负责人：生产部门每周进行一次自查，每月进行一次评比；其他部门每月进行一次自查及评比。自查负责人为各部门领导、班组长和7S管理专员。

（四）自查标准：见公司生产区域、办公区域检查表。

（五）分数统计：自查计分方式为百分制，按发现问题进行扣分，为确保自查的公平性，自查时应记录问题、多角度拍照，在每区域检查结束时由各评委进行评价打分。项目及标准如下：

<table>
<tr><th>项目</th><th colspan="2">计算</th></tr>
<tr><td>现场自查成绩30分</td><td colspan="2">按查评细则进行扣分</td></tr>
<tr><td rowspan="4">平时成绩10分</td><td rowspan="2">班组晨会5分</td><td>每日召开3分</td></tr>
<tr><td>记录完备2分</td></tr>
<tr><td rowspan="2">设备/区域点检表5分</td><td>记录完备2分</td></tr>
<tr><td>符合实际3分</td></tr>
</table>

（六）自查成绩：各部门奖惩标准由各部门自行制定，报推行办备案。部门7S管理自查结果应在2日内将成绩公布并兑现奖罚，奖罚结果报推行办。

第十条　公司检查。

（一）公司检查区域划分：生产区域以7S管理划分为检查单位，办公区域以部门为检查单位。

（二）检查频度及检查人员：每月下旬进行一次检查评比，检查人员为公司分管领导1人、7S管理推行办公室成员5人、各部门领导1人、各部门7S管理专员2人。

（三）检查标准：见公司生产区域、办公区域检查表。

（四）检查方法：检查前，召开工作会议，就本次检查内容和要点进行界定，统一检查尺度。

（五）分数统计：检查计分方式为百分制，按发现问题进行扣分，为确保检查的公平性，检查时记录问题、多角度拍照，检查结束时再进行评价打分，现场检查分数占最终成绩的50%。项目及标准如下：

项目		标准	满分
各部门开展7S管理自查（10分）		进行检查评比，有评分记录表	4分
		检查结果与事实的吻合度	2分
		结果公示	2分
各单位问题/整改（20分）		整改完成	20分
平时成绩（20分）	晨会召开及记录（5分）	班组每日晨会	3分
		记录	2分
	区域清扫（5）	按时实施	5分
		记录与实际相符	1分
	设备清扫（5）	按时实施	5分
		记录与实际相符	1分
	专员日常巡查（5分）	现场效果	5分
公司现场检查（50分）	检查分数（检查100分）×0.5	7S管理标准细则	50分
总分	100分		

第十一条　为调整各责任区之间的差异，实际评比得分为现场检查得分和难度系数K的乘积，即实际评比得分＝现场检查评比得分×难度系数K。

第十二条　难度系数K经民主集中讨论确定。企业可根据现场实际确定区域难度系数，系数范围为1.0～1.2。

序号	难度系数	区域
1	1	办公区域、后勤区域、工具间等
2	1.1	现场库房、生产区域等
3	1.2	输送系统、港机设备等
4	…	…
5	…	…
…	…	…

第五章　检查与考核

第十三条　推行项目经讨论确定后，推行办应在2日内进行公示。未及时公示的，处罚××元。

第十四条　项目方案讨论确定后，项目负责人应在2日内报送推行办，未按时上报的，处罚××元。

第十五条　推行进度考核：

（一）不按项目节点完成推行工作，考核责任区××元，连续不能完成进度，加倍考核。

（二）不配合推行办工作，重复发生不完成整改项目的，考核项目负责人××元。

第十六条　推行办下发的问题改善通报，未按时完成，项目负责人又未提出合理说明，考核××元/项。

第十七条　因故不能参加推行办组织的各项会议、培训、评比、检查等人员，应提前向推行办请假。未履行请假手续处罚××元，迟到或早退者，处罚××元。

第十八条　打造项目检查评比（85分为及格），取前三名进行奖励，对不及格进行考核。奖罚标准如下：

名次	奖惩	数量
第一名	奖励××元	1
第二名	奖励××元	2
第三名	奖励××元	3
最后一名且低于85分	罚款××元	1

第十九条　月度检查评比（85分为及格），按责任区奖励与考核，奖罚标准如下：

序号	责任区	检查评比名次	奖励金额	数量	备注
1	生产区域	第一名	××元/项目	××	
2		第二名	××元/项目	××	
3		第三名	××元/项目	××	
4		第四名	××元/项目	××	
5		第五名	××元/项目	××	
6		第六名	××元/项目	××	
7	办公区	第一名	××元/项目	××	
8		第二名	××元/项目	××	
9		第三名	××元/项目	××	
…	…	…	…	…	
不合格（85分以下）			××元/项目		

注：1. 生产区评比名次：奖励取前××名，考核后××名。

2. 办公区评比名次：奖励取前××名，考核后××名。

3. 若项目的评比分数均在及格以上，则后几名不进行处罚。

第二十条　根据全年评比结果及名次，并综合考虑项目改善提升情况，评选出优秀部门、班组和个人，奖励标准如下：

序号	奖励名称	奖励对象	奖励金额	数量	备注
1	7S 管理先进集体	部门	××元	5	
2	7S 管理最佳组织奖	推行小组	××元	5	
3	7S 管理先进个人	个人	××元	5	
4	7S 管理最佳创意奖（含金点子）	个人	××元	不限	
5	7S 管理积极分子	个人	××元	5～10	

第六章　附　　则

第二十一条　本办法由××××公司 7S 管理推行办公室负责解释。

第二十二条　本办法自印发之日起执行。

附件：1. 办公区 7S 管理检查评分标准（略）

2. 生产区 7S 管理检查评分标准（略）

第八章　7S 管理推行绩效提升

第一节　7S 管理检查督导

一、检查考核

（一）成立检查机构

企业应根据实际工作需要成立 7S 管理检查考核领导小组，明确职责分工，定期对各部门 7S 管理情况进行检查。组长由 7S 管理推行办公室主任或分管 7S 管理的公司领导担任。副组长由 7S 管理推行办公室副主任或归口管理部门负责人及相关部门负责人担任。检查组成员由 7S 管理推行办公室成员、督导师及相关部门骨干成员组成。公司 7S 管理检查组，主要负责对各部门的 7S 管理活动情况进行检查，对过程中发现的问题提出整改意见，推行 7S 管理工作不断完善。检查组人员职责分工如表 8-1 所示。

表 8-1　检查考核领导小组职责分工

人员	具体职责
组长	全面负责检查评比工作和检查评比方案和结果的审批
副组长	负责检查评比的总体策划、检查评比方案、检查评比报告的编制。 负责检查评比人员的组织、分工及物资准备
成员	在组长带领下，负责检查评比工作的具体实施

（二）实施“三级”检查

7S 管理必须实施班组、部门、公司三级检查制度。

（1）班组日检查。班组应建立 7S 管理检查制度，制定“7S 管理活动自查表”对所管辖区域内的生产现场、工具间、办公区域等区域进行 7S 管理检查，也可邀请公司 7S 管理督导师或 7S 管理专职人员进行现场指导，及时对检查发现的问题进行整改，以提升管理水平。

(2) 部门周检查。部门组织负责人、班组长及部门 7S 管理专职(兼职)人员，每周对所辖区域进行 7S 管理检查评比，对表现良好的区域进行奖励，对不良区域进行惩罚，在部门月度绩效中兑现。

(3) 公司月检查。7S 管理推行办公室每月对全厂 7S 管理项目进行全面检查，将检查结果与部门、班组的绩效考评挂钩。

(三) 科学设计考核检查表

7S 管理检查考核表是 7S 管理活动执行情况的检查工具，为保证检查质量，使检查工作有据可依，检查前应编制煤炭企业 7S 管理检查表。

企业在编制 7S 管理考核检查表时，首先合理划分 7S 管理检查区域，可根据各区域的实际情况，确定检查项目，设定衡量标准和分值。现场检查表分为办公区域 7S 管理检查表、生产区域 7S 管理检查表、仓库工具间 7S 管理检查表。各区域 7S 管理检查如表 8-2、表 8-3、表 8-4 所示。

表 8-2　办公区域 7S 管理检查考核表

7S	序号	重点内容	检查记录					备注
			0	1	2	3	4	
整理	1	办公桌上无其他与工作无关的物品						
	2	长期未使用物品应定置存放						
	3	工作台面应整齐，无杂物、异物或私人用品						
整顿	4	文件摆放整齐，取用方便						
	5	文件、记录等物品定置摆放						
	6	设备摆放统一，标识完整						
	7	档案柜摆设整齐，标识完整						
	8	抽屉内物品整齐，无杂乱						
清扫	9	墙壁保持清洁，无灰尘、无污迹						
	10	会议室座椅摆放整齐，桌面干净						
	11	办公场所无杂物、无异味						
	12	文件、记录无破损						
清洁	13	物品放置应整齐，标识完好						
	14	地面清洁，无污迹						
	15	办公桌面清洁、整齐，档案柜清洁						
素养	16	员工随身配带工卡						
	17	本部门定期检查，对不符合的及时纠正						
	18	语言礼貌、着装整洁、工作主动、热情						
	19	时间观念强烈、工作态度积极						

表 8-2(续)

7S	序号	重点内容	检查记录					备注
			0	1	2	3	4	
安全	20	消防器材合理配置，并定置保养						
	21	逃生通道标识清晰						
	22	安全事故应急措施完整，定期开展实际演练						
节约	23	节约用水、用电标识清晰						
	24	员工节约意识渗透于日常工作						

扣分值	扣分说明
0	表示工作最佳，7S 管理活动推行彻底，效果明显
1	表示工作优良，整体上符合 7S 管理要求
2	表示工作一般，存在问题但不严重
3	表示工作表现较差，虽然推行了 7S 管理，但是无效果
4	表示整体或部分区域没有推行 7S 管理活动
说明	表格中“分值记录”栏表示扣除的分数。各部门基准分为 100 分，85 分为及格

表 8-3　生产区域 7S 管理检查考核表

7S	序号	重点内容	检查记录					备注
			0	1	2	3	4	
整理	1	长期未使用物品应定置存放						
	2	工作台面应整齐，无杂物、异物或私人用品						
整顿	3	常用物品应取用方便为原则，定置摆放						
	4	文件、记录等物品放置应定置管理						
	5	物料、物品放置统筹安排、总体规划						
	6	区域划分标识清晰						
	7	不同物料应有适当的标识区分						
	8	车间场地布置符合实际情况						
	9	不同生产线、工序应设标识						
	10	模具摆放整齐，标识完整						
	11	设备摆放应整齐，必要时有标识						
	12	物品放置应整齐、美观，必要时应做标识						
	13	设置布告栏或公告栏						
	14	消耗品(抹布、手套等)定位摆放						
清扫	15	车间无杂物、无异味						
	16	地面清洁、无杂物、无油渍						
	17	墙面清洁，无蛛网、无污迹						
	18	生产文件、记录整洁干净、无破损						

表 8-3(续)

7S	序号	重点内容	检查记录					备注
			0	1	2	3	4	
清洁	19	工作场所空间通畅、不杂乱						
	20	物料放置应整齐,物料架有标识						
	21	车间通风良好,保持适宜清爽环境						
	22	设备清洁、无油墨、无跑冒滴漏						
	23	员工着装整洁,佩戴员工卡						
素养	24	工作场所应定期检查,专人监督						
	25	对不符合要求及时纠正						
	26	工作主动、热情,熟悉 7S 管理知识						
	27	较强的时间观念(开会不迟到等)						
	28	坚持开展上、下班五分钟 7S 管理						
安全	29	正确使用个人防护用品						
	30	危险材料应做好隔离,并设置安全标识						
	31	消防器材定置合理,且保养到位						
	32	逃生通道标识清楚						
	33	设备安全防护措施到位,符合操作要求						
节约	34	现场浪费现象得到减少或消除						
	35	现场作业得到明显改善,成本降低						

扣分值	扣分说明
0	表示工作最佳,7S 管理活动推行彻底,效果明显
1	表示工作优良,整体上符合 7S 管理要求
2	表示工作一般,存在问题但不严重
3	表示工作表现较差,虽然推行了 7S 管理,但是无效果
4	表示整体或部分区域没有推行 7S 管理活动
说明	说明:表格中“分值记录”栏表示扣除的分数。各部门基准分为 100 分,85 分为及格

表 8-4　仓库工具间 7S 管理考核检查表

7S	序号	重点内容	检查记录					备注
			0	1	2	3	4	
整理	1	长期未使用的物品应定置摆放						
	2	废料及时处理,无堆积						
	3	常用工具以取用方便原则,放置容易取到的位置						
	4	无废弃工具、设备堆放						

表 8-4(续)

7S	序号	重点内容	检查记录					备注
			0	1	2	3	4	
整顿	5	仓库场地布置合理						
	6	物料、半成品、成品应专门区域放置						
	7	退回物品、不良品应有专门区域放置						
	8	区域划分明确,且标识清晰						
	9	物料、半成品、成品等摆放整齐						
	10	不同物料区分明确,标识完整						
	11	文件、记录定位存放						
	12	消耗品(抹布、手套等)定位存放						
	13	成品标识清楚,易于识别						
	14	成品放置符合先进先出的原则						
	15	原料、半成品、成品无乱放						
清扫	16	文件、记录整洁						
	17	设备清洁、无滴落						
	18	定期专人负责清扫						
清洁	19	工作场所空间通畅						
	20	设备摆放应整齐,标识完整						
	21	工作台面整齐,无杂物						
	22	地面清洁、无杂物						
	23	墙面清洁,无蛛网、无污迹						
	24	车间通风良好,无扬灰现象						
	25	仓库无杂物、无异味						
素养	26	员工着装整洁,员工佩戴工卡						
	27	工作场所定期检查						
	28	对不符合的情况及时纠正						
	29	时间观念强烈						
	30	坚持上、下班五分钟 7S 管理						
安全	31	危险材料专门放置,做好隔离,安全标识齐全						
	32	消防设施配置齐全,摆放整齐						
	33	电源、电线完好,无破损						
	34	仓库安全管理制度完备,符合实际要求						
节约	35	库存周转率高,库存低						
	36	搬运路线、方式设置合理、效率高						

扣分值	扣分说明
0	表示工作最佳,7S 管理活动推行彻底,效果明显
1	表示工作优良,整体上符合 7S 管理要求

表 8-4(续)

7S	序号	重点内容	检查记录					备注
			0	1	2	3	4	
2		表示工作一般，存在问题但不严重						
3		表示工作表现较差，虽然推行了 7S 管理，但是无效果						
4		表示整体或部分区域没有推行 7S 管理活动						
说明		说明：表格中“分值记录”栏表示扣除的分数。各部门基准分为 100 分，85 分为及格						

（四）严格检查过程管理

7S 检查时间安排应充分考虑企业实际工作情况，尽量避免与上级检查及机组抢修等工作冲突，确保不影响正常生产工作。检查路线的设计应结合检查区域的位置和人员上班时间等统筹考虑，确保检查时间充足，通常每个区域的检查时间应为 10～15 分钟。

检查以小组为单位，小组人数以 5～10 人为宜。检查人员主要包括检查考评人员、摄影人员及其他工作人员。检查人员的安排应遵循回避原则，负责被检查区域管理的人员在检查该区域时应不予打分。

1. 下发检查通知

在做好检查时间和人员安排后，应下发正式的检查通知，将检查计划通知被检查区域，以便被检查区域做好相关准备工作。

2. 召开检查前会议

检查前会议可以有效统一思想、统一尺度，保证检查结果的公平、公正。检查前会议应尽量简短，参会者为全体检查人员，主要内容是说明检查考评的细则、要求、注意事项、路线、乘车安排以及责任分工等。

根据实际需要，检查前会议还可以安排被检查区域代表介绍区域 7S 管理工作开展、改善、提升情况，用 PPT 等生动形式全面展示区域改善过程。

二、评比督导

（一）确定 7S 管理评比督导规则

在 7S 管理评比过程中，由于各个项目之间在区域面积、员工人数、教育程度等方面存在差异，容易造成检查结果不公平，因此，企业需要确定平衡系数来保证评比的公平性和公正性。平衡系数的计算公式如下：

实际评比分数＝7S 管理检查得分数×难度系数 K

（二）现场难度系数 K 确认

现场难度系数 K 的确认要充分考虑各个 7S 改善区域的差异情况，经过民主集中讨论确定。各单位可根据现场实际确定区域难度系数，制定难度系数表，参见表 8-5，系数范围为 1.0～1.2。

表 8-5　7S 管理难度系数表

序号	难度系数	区域
1	1	办公区域、后勤区域、库房工具间区域等
2	1.1	现场库房、生产区域等
3	1.2	生产现场、井下等
4	…	…
5	…	…
6	…	…

（三）评比督导关键措施

（1）评比督导必须由主要领导亲自主持，按照既定的线路进行检查。

（2）评比督导组结合评分规则，按照检查表所列项目，逐项检查并做出评价。

（3）评比督导组对被检查区域的改善亮点、问题点进行准确客观描述。

（4）摄影人员对检查发现的亮点和问题点进行拍摄。

（5）被检查区域人员可以主动指引，并就工作成绩、亮点主动向检查组介绍，但不得干扰评比人员。

（6）评比结束后，评比督导组应及时编制评比报告，并及时整理评比过程的原始资料，作为报告附件。

（7）评比结果应于 3 个工作日内公布。

第二节　7S 管理整改提升

7S 管理必须实施班组、部门、公司三级检查制度，针对检查发现的 7S 管理推行的相关问题，要求必须一一记录登记，分析发生原因，以便及时整改，奖罚有据。

一、问题整改措施

针对检查评比得分较低或不合格的区域存在的主要问题，7S 管理推行办公室应及时下发整改通知单，明确整改事项、整改要求、整改期限，帮助该区域尽快完成整改。收到整改通知单后，相关责任区域应立即组织实施整改。整改完成后，向 7S 管理推行办公室申请验收。7S 管理整改通知单见表 8-6 所示。

表 8-6　7S问题整改通知单

责任区域		职能部门		责任人	
问题描述					
序号	整改前图片		整改后图片		
1					
2					
3					
…					
整改期限			推行办签字		

二、问题整改执行

整改通知书发出后，还应采取有效措施督促各责任单位执行整改措施，要求各单位在收到7S管理问题整改通知书发出后3个工作日内，递交“问题点整改计划书”，以保证整改工作顺利完成。问题整改计划书如表8-7所示。

表 8-7　7S问题整改计划书

问题点整改计划书　　　　编号：

责任部门：			责任人：
序号	问题点		
1	原因分析		图示：
	改善对策		图示：

表 8-7(续)

<table>
<tr><td rowspan="3">2</td><td>原因分析</td><td></td><td>图示：</td></tr>
<tr><td>改善对策</td><td></td><td>图示：</td></tr>
<tr><td colspan="3"></td></tr>
<tr><td rowspan="3">3</td><td>原因分析</td><td></td><td>图示：</td></tr>
<tr><td>改善对策</td><td></td><td>图示：</td></tr>
<tr><td colspan="3"></td></tr>
<tr><td colspan="4">执行日期：　　　　完成日期：　　　　审批人：</td></tr>
</table>

三、限期整改提升

推行办公室应定期监督重点问题的改善情况，跟踪改善进度。复查限期整改内容，以确认问题点的整改效果和是否出现新的问题点。限期整改复查如表 8-8 所示。

表 8-8　限期整改复查表

<table>
<tr><td colspan="3">责任部门：</td><td>责任人：</td></tr>
<tr><td colspan="3">复查日期：</td><td>整改期限：</td></tr>
<tr><td>编号</td><td>问题点描述</td><td>整改现状</td><td>效果确认</td></tr>
<tr><td>1</td><td></td><td>□完成　□未完成</td><td>□不合格　□合格　□优秀</td></tr>
<tr><td>2</td><td></td><td>□完成　□未完成</td><td>□不合格　□合格　□优秀</td></tr>
<tr><td>…</td><td></td><td>□完成　□未完成</td><td>□不合格　□合格　□优秀</td></tr>
<tr><td></td><td></td><td>□完成　□未完成</td><td>□不合格　□合格　□优秀</td></tr>
<tr><td></td><td></td><td>□完成　□未完成</td><td>□不合格　□合格　□优秀</td></tr>
<tr><td></td><td></td><td>□完成　□未完成</td><td>□不合格　□合格　□优秀</td></tr>
<tr><td></td><td></td><td>□完成　□未完成</td><td>□不合格　□合格　□优秀</td></tr>
<tr><td></td><td></td><td>□完成　□未完成</td><td>□不合格　□合格　□优秀</td></tr>
<tr><td></td><td></td><td>□完成　□未完成</td><td>□不合格　□合格　□优秀</td></tr>
<tr><td colspan="4">复查人：　　　部门责任人：　　　审核人：</td></tr>
</table>

第三节 7S 管理奖惩控制

评比督导结束后，企业应该根据 7S 管理推行奖惩制度规定，及时兑现奖惩。在奖项设置上，7S 管理推行期和常态化保持期可以有所不同。推行期通常设定最佳 7S 管理示范区域创建奖、最佳创意奖、最大进步奖、先进个人奖等，保持期通常设定最佳保持奖、7S 管理之星奖、持续改善奖等。

一、召开总结表彰大会

推行区每一批次 7S 管理项目检查评比结束后，应组织召开总结表彰大会。参加会议的人员除 7S 管理项目组织机构人员外，应包括公司主要领导、7S 管理督导师、公司中层管理人员、7S 管理区域负责人以及其他员工等。总结表彰大会通常包括 7S 管理先进区域成果展示、落后区域表态、颁奖、督导师点评、7S 管理工作报告、公司主要领导总结等议程。

7S 管理常态化表彰工作可以结合其他会议合并进行，如公司例会、员工大会等，7S 管理常态化保持区的表彰工作可以根据情况简化程序，但绝不能因事务多而取消，应坚持长期开展。

二、7S 管理成果展示

对于评选过程中涌现出的优秀 7S 管理成果，企业应通过 7S 管理看板、简报、7S 管理宣传画册、宣传 PPT、微电影、摄影作品等多种方式进行展示，让全体员工看到优秀的 7S 管理改善成果，激发员工参与 7S 管理的热情。

三、7S 管理活动奖惩制度的确立

为全面提升巩固 7S 管理成果，鼓励员工在 7S 管理活动中创先争优，形成良好的工作氛围。企业应确立 7S 管理活动专项奖惩制度，以保证 7S 管理绩效评审的权威性、公平性。企业在制度时应明确奖惩内容、工作归口管理部门和考评小组成员等。

为充分提高员工工作的积极性和发挥员工的聪明才智，凡是能提高公司经济效益和管理水平的优秀部门、班组和个人、创新创意、小改小革，给予相应奖励。各项 7S 管理奖励标准参考表 8-9、表 8-10、表 8-11 所示执行。

表 8-9 年度单项奖励标准表

序号	奖励名称	奖励对象	数量	奖励金额	备注
1	7S 管理先进集体	部门	3	××元	
2	7S 管理最佳组织奖	推行小组	3	××元	

表 8-9(续)

序号	奖励名称	奖励对象	数量	奖励金额	备注
3	7S 管理先进个人	个人	5	××元	
4	7S 管理最佳创意奖	个人	5	××元	
5	7S 管理积极分子	个人	5～10	××元	
6	7S 管理优秀督导师	个人	5～10	××元	

表 8-10　检查评比奖励标准表

序号	检查评比名次	奖励金额	数量	备注
1	第一名	××元/人	1	
2	第二名	××元/人	2	
3	第三名	××元/人	3	
不合格(85 分以下)		××元/组		

表 8-11　创新创意(金点子)奖励标准表

序号	项目	奖励金额	备注
1	创新性强,可行性强,经济效益高	××元/项	
2	以节约各类主辅材料、节能降耗、环保为目的	××元/项	
3	以安全生产、劳动保护改进为目的	××元/项	
4	改良性强,投入少,见效快	××元/项	
5	一般性的,针对解决个别问题点,可操作性强,对现有正常管理或经营有所改善,作用和效益较小	××元/项	

第四节　7S 管理长效机制

7S 管理长效机制是指在 7S 管理活动推行中,针对现场实际存在的问题不足,提出相应的解决方案,从本质上解决存在问题,提高 7S 管理活动管理效率,并实现常态化管理,形成长效机制。

167、健全制度,重在机制

煤炭企业推行 7S 管理必须建立适用 7S 管理的企业运行机制,推行现代企业管理制度,根除国有企业传统的"官僚主义"大企业病,加强 7S 管理制度建设。某煤矿在试点推行 7S 管理过程中,建立了"7S 管理推行管理办法""7S 管理督导师管理办法""7S 管理小改善、小创意、小提案奖励办法""7S 管理考评管理办法"等管理制度,保证 7S 管理的常态化工作,值得煤炭企业学习借鉴。

一、强化领导，落实责任

煤炭企业推行7S管理必须强化领导，才能引起全公司全体员工重视，由总经理担任“7S管理”管理领导小组组长，建立常设机构7S管理推行办公室，制订7S管理总体推行方案和阶段目标，加强7S管理月度工作下达、整改落实等常态管理工作，层层落实，确保7S管理持续推行和成果保持。

二、加强管控，提升执行力

煤炭企业推行7S管理，必须制订7S管理长效维持方案，与安全质量标准化紧密结合，加强过程控制，提升执行力，实现7S管理制度化、标准化，保障公司7S管理活动长期深入开展。形成“7S管理”工作习惯性、主动性和积极性，最终员工养成良好职业素养。

三、强化考核，实现常态化

煤炭企业推行7S管理工作，制定7S管理激励考核机制，并实行严格检查考核工作机制，对存在问题及时提出改进意见，下达整改通知书，并在生产管理信息系统7S管理模块进行闭环管理，促进7S管理常态化。

第五节 7S精益管理实现

一、精益管理的核心思想

精益管理是20世纪50年代源于日本的一种企业管理理念，它是社会分工的精细化以及服务质量的精益化对现代企业管理的必然要求，是建立在常规管理的基础上，并将常规管理引向深入的基本思想和管理模式。其核心思想是消除一切浪费，持续改进工作流程，提升企业效率与效益。它是一种以最大限度地减少管理所占用的资源和降低管理成本为主要目标的管理方式。相对于粗放管理来讲，精益管理更为高效，成本更为节约。精益管理以逐步建立完美流程为中心，强调数量化和精确性的一种企业管理方式。

“五精四细”是精益管理的核心，其内涵是：

1. 五精

（1）精华，即企业需要广泛引进、吸收、创造、运用现代社会的文化精华、技术精华、智慧精华等来指导、促进企业的发展。

（2）精髓，即企业管理者要熟知管理理论，深谙和掌握管理精髓，才能创造成功企业。

（3）精品，即企业需要建立确保质量精品形成的管理体系，为形成企业核心竞争力和创建品牌奠定基础。

(4) 精通，即强调产品价值链的创造，企业需要精通产品销售渠道价值创造，精通客户关系管理。

(5) 精密，即企业内部的分工协作和前后工序关系的配合与协作需要精密；与企业生存、发展的环境的适宜性需要精密。与企业相关联的机构、客户、消费者的关系需要精密。

2. 四细

(1) 细分市场和客户，准确把握客户需求和市场变化，企业发展战略和产品准确定位。

(2) 细分企业组织机构和岗位职能，企业管理体系健全，责权利明确。

(3) 细化分解每一项战略、决策、目标、任务、计划、指令，使之落实到人。

(4) 细化企业管理制度的编制、实施、控制、检查、激励等程序和环节，做到制度到位。在工作中，将各种任务分解明确，责任到人，严格要求，全面落实，既要从宏观上统筹，又要在微观上研究与落实。

二、煤炭企业7S精益管理

7S精益管理既是一种管理技术，也是一种管理理念，是通过规则的系统化和细化，运用程序化、标准化、数据化和信息化的手段，使组织管理各单元精确、高效、协同和持续运行。煤炭企业7S精益管理就是通过“整理、整顿、清扫、清洁、素养、安全、节约”各个方面活动的扎实开展，形成精益管理的理念，建立精益管理的方法流程，实现企业节约成本、提升质量、提高效率、保证安全的精益管理目标。

(1) 煤炭企业7S精益管理是一种行之有效的管理技术。

煤炭企业要实现精益管理，必须通过7S管理，建立科学量化的标准和可操作、易执行的作业程序，打造精品7S管理工作现场，实现煤炭企业本质安全。

(2) 煤炭企业7S精益管理还是一个先进务实的管理模式。

煤炭企业的复杂多变的生产环境决定了其以现场管理为主的企业生产经营的特点，7S精益管理通过“整理、整顿、清扫、清洁、素养、安全、节约”活动，实现“五精”“四细”的管理模式，在煤炭企业具有很强可操作性。

(3) 煤炭企业7S精益管理更是一套科学实用的管理理念。

煤炭企业7S精益管理体现了企业对管理的完美追求，是组织严谨认真、精益求精思想的贯彻。煤炭企业通过7S管理全员培训，使企业员工整体素质提升，固化7S管理成果，最终实现精益管理的目标。

三、通过推行7S管理实现7S精益管理

煤炭企业7S精益管理就是落实管理责任，将管理责任具体化、明确化，它要求每一个管理者都要尽职尽责。第一次就把工作做到位，工作要日清日结，每天都要对当天的情况进行检查，发现问题及时纠正，及时处理等。

7S精益管理是一个整体系统化的企业管理模式，煤炭企业实现7S精益管理具体措施主要有下列几个方面。

（1）精细化。管理细化，常用方法有横向细化、纵向细化、衔接细化、责任细化等。

横向细化，是将工作按合理的逻辑结构，分解为若干个组成部分。通过横向细化，使煤炭企业对管理工作既能通盘考虑，又能掌握每个局部事项，做到管理不漏项。横向细化有利于科学地安排工作，合理配置资源，下达指令明确而又详细，并关注下属工作的各个局部细节，便于细化指导和考核。横向细化有利于下属明确自己的任务和具体要求。

① 纵向细化，是从纵向的时间顺序将工作任务分解为各个组成部分。纵向细化，有利于工作流程的建立和管理，也有利于工作时间的控制和对下属执行时限的确定。

② 衔接细化，煤炭企业是一个有机的整体，各部门的工作很少独立进行，需要部门间衔接配合，而造成企业效率不高的重要原因之一，就是各环节之间衔接不好，结构性效率降低。

③ 责任细化，责任划分不明晰，导致个人不负责任，企业也难以追究责任，由此，必然导致责任不到位的现象频繁发生。细化管理，不是管得越细越好，搞烦琐管理，而是要求管理人员抓住核心细节，管好重点的、关键的少数细节，密切监控易出问题的细节，简化或忽略无关紧要的细节。

（2）定量化。定量化是精益管理的一个重要方面，是实行科学管理的重要手段。量化是细化的深入，是实行严格管理的重要条件，量化也是实行标准化管理的重要工作。

精益管理的精、准、细、严都离不开量化。量化指标在煤炭企业中非常普遍，如产量、产值、利润、成本、产品优良率、合格率、资金回收率、废品损失率、设备完好率等。为实现7S精益管理，煤炭企业要尽可能采用量化指标，以利于核算、分析和考核。

（3）流程化。流程化管理，是将工作任务，沿纵向划分为若干个前后相邻的工序，将作业过程细化为工序流程，然后进行分析、简化、改进、整合、优化。流程化管理既适用于企业的总流程，也适用于各部门的局部流程。那些具有稳定性、重复性的重要工作，都可实行流程化管理。流程化管理包括以下三个步骤：

① 流程描述，包括线型描述、时间流程描述、责任流程描述及空间流程描述。

② 分析改进，流程改进一是去除不必要的、可有可无的环节，简化流程。二是流程各环节的顺序是否需要调整，以使流程更加合理化。三是流程的某些环节是否还有潜力，操作方法是否要调整改进。四是流程的空间布局是否合理，是否有利于提高效率。五是确立流程的关键环节，对其他环节的操作影响最大、最容易出差错的环节，需要设置监控点，密切观测其运作状态，随时予以调控纠偏。

③ 设计实施流程，是在分析研究的基础上，设计新流程，并通过对相关人员的有效培训，制定新的工作手册、岗位说明书，贯彻实施新的工作流程。

（4）标准化。制定统一的规格标准、操作标准、质量标准、数量标准、时限标准，并且严格执行。

（5）严格化。严格管理包括两方面内容，一是根据企业管理工作的共性和规律，结合煤炭企业具体情况，制定严密完善的管理制度和管理规范，形成科学规范的决策体制。二是严格执行各类规章制度、技术标准和行为规范，保证企业正常高效地运转。严格管理是加强企业管理的要求，虽然导致企业经营困难的原因是复杂的，但规章制度不健全、管理松懈是其根本原因。严格管理是企业改革与发展，实现管理现代化、科学化的基础。没有严格的管理，没有良好的基础管理工作，现代化的管理方法、手段就会因失去其得以应用的前提而无法发挥作用。

(6) 协同化。协同管理,要求每个执行者不仅要做好自己承接的工作任务,还要主动与其他工作单元衔接配合。否则,就将影响到整个系统的工作效率。工作单元之间的衔接,组成了多种链条如物料供应链、质量链、财务链、成本链、信息链、执行链、服务链等。

(7) 实证化。实证化是一种思维方式和观念。一是求真,即尊重客观规律,实事求是。二是务实,即追求实用,实践,实效,脚踏实地,工作落到实处。

(8) 精益化。7S精益管理强调通过不断改进,消除对资源的浪费,强调生产过程的敏捷性和柔性,因此,更多采用准时生产制和柔性制造系统。同时,业务流程要精心设计、巧妙安排,实现组织机构扁平化,加强协作与沟通。

煤炭企业通过严格科学推行7S管理,找准企业的核心瓶颈环节和问题,进行7S专项治理整顿,建立健全7S管理制度,严格7S管理检查考核,加大7S管理奖惩管控力度,建立7S成果巩固提升长效机制,提高企业安全质量标准化水平,提升全体员工整体素质,达到本质安全目标,提高企业生产效率和经济效益,最终实现7S精益管理。

参考文献

[1] 陈庆霖.现场是煤矿管理的核心[N].中国煤炭报,2017,(02).
[2] 邓五先,马云岭.中国平煤神马集团十二矿加强现场管理立体抽采瓦斯[N].中国煤炭报,2021,(06).
[3] 姬生波.精益改善提案管理在煤炭企业中的探究与应用[J].现代商贸工业,2017,(04):75-76.
[4] 姬生波,李小鹏,宋家峰.煤炭企业实施现场6S管理中的主要问题及对策[J].现代商贸工业,2018,(12):119-121.
[5] 李福仁.煤炭生产井下现场管理之实践[M].北京:中国经济出版社,2002.
[6] 牛驽韬.非煤露天矿山生产现场管理[M].北京:冶金工业出版社,2013.
[7] 孙少雄,邱杰.图解.6S精益管理[M].北京:人民邮电出版社,2014.
[8] 滕宝红.6S精益推行图解手册[M].2版.北京:人民邮电出版社,2014.
[9] 王承辉,刘洪. 6S管理教程[M].北京:化学工业出版社,2015.
[10] 姚水洪,邹满群.现场6S精益管理实务[M].北京:化学工业出版社,2013:20-53.
[11] 伊永伟.煤化工生产装置的现场管理与维护[J].技术与市场,2018,(03):198+200.